Anti-fautes
d'
Anglais

LAROUSSE

21, rue du Montparnasse 75283 Paris Cedex 06

Direction éditoriale : Ralf Brockmeier

Direction de l'ouvrage : Giovanni Picci

Rédaction de la grammaire :
Rozenn Étienne, Keith Wycherley

Conception graphique et composition :
Alexandra Delhommeau - FACOMPO

Couverture : Alain Vambacas

Informatique éditoriale : Dalila Abdelkader,
Monika Al Mourabit, Anna Bardon, Marion Pépin

Remerciements :
Dominique Chevalier, Isabelle Trévinal

ISBN 978-2-03-584202-2

LAROUSSE, PARIS
21, rue du Montparnasse - 75283 Paris Cedex 06

INTRODUCTION

L'anti-fautes pour qui... ?

- Vous voulez vous remémorer rapidement les difficultés incontournables de l'anglais *juste* avant un contrôle ?
- Vous partez en voyage et une petite révision des règles de grammaire de l'anglais s'impose pour communiquer correctement ?
- Vous ne vous souvenez plus s'il faut dire *I've been to London* ou *I went to London* ?
- Vous avez oublié la différence entre *must* et *ought to* ?

L'anti-fautes c'est quoi ?

Une réponse claire et immédiate pour toutes vos questions, tous vos doutes dans un ouvrage au format pratique, qui contient :

- **l'essentiel de la grammaire anglaise**
- **les principaux *phrasal verbs* illustrés par des exemples et avec leur traduction**
- **70 fiches pour réviser les mots les plus utiles pour bien s'exprimer**

L'anti-fautes pourquoi... ?

Car grâce à *l'Anti-fautes anglais*, vous pourrez :

- réviser les règles fondamentales de la grammaire anglaise
- éviter les erreurs les plus fréquentes et les pièges les plus insidieux
- conjuguer sans aucune hésitation
- vous exprimer aussi bien à l'écrit qu'à l'oral

3

Table des matières

4

TABLE DES MATIÈRES

TABLE DES MATIÈRES

GRAMMAIRE

I. LE GROUPE VERBAL

Il existe deux catégories d'éléments verbaux bien distincts qui constituent le groupe verbal en anglais, à savoir :

● les **verbes auxiliaires** : be, have, do, et les **auxiliaires modaux** comme par exemple **can, may, must** ou encore **should** ;

● les **verbes lexicaux**, c'est-à-dire, tous les autres verbes (go, eat, like, etc.).

LES AUXILIAIRES

Pour les **verbes auxiliaires**,

● la **négation** se fait en ajoutant **not** (qui peut être **contracté** en n't) directement au verbe auxiliaire :

Bethia is in bed. *Bethia est au lit.*
Bethia is not (ou isn't) in bed. *Bethia n'est pas au lit.*
Tom has got a pink Ipod. *Tom a un iPod rose.*
Tom hasn't got a pink Ipod. *Tom n'a pas d'iPod rose.*

Voici les tableaux récapitulatifs des formes pleines et contractées des auxiliaires do, be et have à la forme **négative**.

auxiliaire do

formes pleines (à l'écrit)	formes contractées (à l'oral)
I do not	I don't
you do not	you don't
he does not	he doesn't
she does not	she doesn't
it does not	it doesn't
we do not	we don't
you do not	you don't
they do not	they don't

auxiliaire be

formes pleines (à l'écrit)	formes contractées (à l'oral)	
I am not	I'm not	
you are not	you're not	you aren't
he is not	he's not	he isn't
she is not	she's not	she isn't
it is not	it's not	it isn't
we are not	we're not	we aren't
you are not	you're not	you aren't
they are not	they're not	they aren't

auxiliaire have

formes pleines (à l'écrit)	formes contractées (à l'oral)	
I have not	I've not	I haven't
you have not	you've not	you haven't
he has not	he's not	he hasn't
she has not	she's not	she hasn't
it has not	it's not	it hasn't
we have not	we've not	we haven't
you have not	you've not	you haven't
they have not	they've not	they haven't

● la **forme interrogative** se fait par la simple inversion du groupe nominal/sujet et de l'auxiliaire :

Donovan has finished his studies.
Donovan a terminé ses études.

Has Donovan finished his studies?
Donovan a-t-il terminé ses études ?

I. LE GROUPE VERBAL

Emplois

On utilise...

● **l'auxiliaire do** dans les phrases qui ne comportent pas d'auxiliaire afin de former des phrases **négatives** ou **interrogatives**.

Liam **likes** African cuisine. *Liam aime la cuisine africaine.*

Liam **doesn't** like African cuisine.
Liam n'aime pas la cuisine africaine.

Does Liam like African cuisine?
Liam aime-t-il la cuisine africaine ?

> **Rappel :** do + not = don't
> à la 3ᵉ personne du singulier
> does + not = doesn't

● **l'auxiliaire do** au **prétérit** : **did**, afin de former des phrases négatives ou interrogatives **au prétérit**.

She **didn't** go out at all last night.
Elle n'est pas du tout sortie hier soir.

● **l'auxiliaire do** dans les phrases **affirmatives** lorsque l'on veut **insister** sur un élément particulier. On parle alors de **do emphatique**.

I **do** wish you would stop talking.
J'aimerais vraiment que tu arrêtes de bavarder.

He **did** tell her the truth. *Il lui a vraiment dit la vérité.*

● **les auxiliaires be** et **have** pour former les temps et les formes composés.

Why **are** you looking at me?
Pourquoi me regardes-tu ? [présent en be + ing]

I **have** never been to Brazil.
Je ne suis jamais allé au Brésil. [present perfect]

12

● **l'auxiliaire be** pour former le **passif**.

The castle **was** built in the late 15th century. *Le château fut construit à la fin du XVe siècle.* [prétérit passif]

● **les auxiliaires do, be** et **have** dans les réponses courtes, les **tags** (que l'on peut souvent traduire par « n'est-ce pas ? ») ou encore dans les reprises.

I worked much harder than you **did**.
J'ai travaillé beaucoup plus dur que toi.

Have you ever been to New York? - Yes, I **have**.
Es-tu déjà allé à New York ? – Oui. (j'y suis déjà allé)

> **Do, be** et **have** sont assez particuliers car ils ont un **double statut** : ils peuvent en effet être soit des **auxiliaires** soit des **verbes lexicaux**. Il est donc tout à fait possible de les trouver dans les deux emplois dans une seule et même phrase :
> What **do** you **do** at the weekend?
> *Que fais-tu le week-end ?*
> **Are** you **being** stupid again?
> *Tu es encore en train de faire l'imbécile ?*
> **Have** you **had** your breakfast yet?
> *As-tu déjà pris le petit déjeuner ?*

Les auxiliaires modaux

Les auxiliaires modaux sont un sous-groupe des auxiliaires. En voici la liste :

au présent	au prétérit
can	could
may	might
must	
shall	should
will	would

I. LE GROUPE VERBAL

On inclut aussi quelquefois need et dare.

En utilisant ces auxiliaires modaux, l'énonciateur (celui qui parle) donne **son point de vue** sur l'événement. Selon le modal employé, l'événement est présenté, entre autres, comme possible, probable ou obligatoire :

Can I have some more cake?
*Est-ce que je **peux** reprendre du gâteau ?*

I might be a little late if there's a lot of traffic. *Il se **peut** que j'aie un peu de retard s'il y a beaucoup de circulation.*

You must see his latest film.
*Il **faut** que tu voies son dernier film.*

You should stop smoking. *Tu **devrais** arrêter de fumer.*

He will be there. *Il **sera** là.*

Pour plus d'informations sur les auxiliaires modaux, reportez-vous à la page 42.

LES FORMES DU VERBE

En anglais, les conjugaisons en elles-mêmes ne devraient vous poser que bien peu de problèmes. C'est en revanche le choix de la bonne tournure verbale qui risque de se révéler plus épineux. Il n'y a en effet pas de correspondance entre les différents temps anglais et français. Par exemple, le present perfect (have + participe passé), même s'il ressemble beaucoup par sa forme et par certaines de ses utilisations au **passé composé français**, **ne peut pas être totalement assimilé** à ce même temps.

De même, le français ne comporte qu'une forme de présent, alors que l'anglais dispose du **présent dit simple** ainsi que du **présent en be + ing**.

Voici tout d'abord un bref récapitulatif des cinq différentes formes verbales en anglais :

- la base verbale : write

- la forme en -s :
She writes letters. *Elle écrit des lettres.*

- la forme en -ing :
I was writing a letter.
J'étais en train d'écrire une lettre.

- la forme du prétérit :
I wrote a letter. *J'écrivis ou J'ai écrit une lettre.*

- la forme du participe passé :
I have written a letter. *J'ai écrit une lettre.*

La base verbale

On trouve la base verbale...

- à toutes les personnes du **présent simple** (sing), excepté à la troisième personne du singulier, qui prend un -s (he sings) ;

- après l'auxiliaire do et les **auxiliaires modaux** :
He doesn't want to resign.
Il ne veut pas démissionner.
He must be very tired.
Il doit être très fatigué.

- à toutes les personnes de **l'impératif** :
Listen to me! *Écoute-moi !*

- à laquelle on a ajouté -ed au **prétérit** et au **participe passé** des verbes **réguliers** :
We visited Chicago last year.
Nous avons visité Chicago l'année dernière.

We've visited this museum many times.
Nous avons visité ce musée de nombreuses fois.

15

Les verbes irréguliers

Pour les verbes irréguliers, vous devez apprendre par cœur les formes de prétérit et de participe passé. Vous trouverez une liste des principaux verbes à la page 309.

On distingue cependant trois catégories de verbes irréguliers :

● première catégorie : le prétérit et le participe passé de ces verbes ont la même forme (**bring, brought, brought**) ;

● deuxième catégorie : le prétérit et le participe passé ont des formes différentes (**eat, ate, eaten**) ;

● troisième catégorie : ces verbes, d'une seule syllabe, se terminent par **-d** ou **-t**, et ont une même forme pour la base verbale, le prétérit et le participe passé (**read, read, read**).

La forme en be + ing

Cette forme, qui se conjugue, comme le montre le tableau ci-dessous, se compose de l'auxiliaire **be** et d'un verbe lexical auquel s'ajoute la terminaison **-ing**.

L'existence des deux formes (simple et en be + ing) est souvent source d'erreurs pour les locuteurs français. En effet, le choix de l'une ou l'autre de ces formes se fait en fonction de ce que l'énonciateur veut exprimer.

Avec la forme en **be + ing**, on s'intéresse à l'événement dans son **déroulement**, alors que la forme simple donne une vision plus globale de l'événement, plus neutre. Avec la forme en be + ing, l'énonciateur **commente** l'événement dont il est question par rapport à des repères qui peuvent être d'ordre temporel, modal, etc. Ces différents points seront abordés lors de la présentation des formes verbales respectives.

	présent	prétérit	present perfect
forme simple	she works	she worked	she has worked
forme en be + ing	she is working	she was working	she has been working

	pluperfect	futur
forme simple	she had worked	she will work
forme en be + ing	she had been working	she will be working

LE PRÉSENT SIMPLE : I GO

Attention ! Contrairement au français, il existe en anglais deux formes de présent : le présent simple et le présent en be + ing. Les informations ci-dessous devraient vous aider à ne plus faire d'erreurs entre ces deux formes.

Formation

Au présent simple (**simple present**), toutes les formes du verbe, sauf celle de la troisième personne du singulier, sont constituées de la base verbale. La troisième personne du singulier se termine toujours par **-s**.

I. LE GROUPE VERBAL

	singulier	pluriel
1re personne	I like music	we like music
2e personne	you like music	you like music
3e personne	he/she/it likes music	they like music

Attention cependant aux quelques modifications orthographiques suivantes :

● Les verbes se terminant par -ss, -sh, -ch, -x et -zz prennent **-es** à la troisième personne : stresses, washes, watches, fixes...

● Pour les verbes se terminant par une **consonne + -y**, le -y devient **-ies** : try ⇨ tries.

● Mais ceux qui se terminent par une **voyelle + -y** prennent un **-s** à la troisième personne du singulier : enjoys, plays.

Pour former des phrases négatives, interrogatives ou emphatiques, vous devez utiliser l'**auxiliaire do**.

I **don't** like chess. *Je n'aime pas les échecs.*

Does he know your address? *Connaît-il votre adresse ?*

He **does** like you. *Je t'assure qu'il t'aime bien.*

Emplois

On emploie le présent simple

● pour parler **d'habitudes**, **de vérités générales** ou **de caractéristiques** :

I get up at seven every day.
Je me lève tous les jours à sept heures.

The sun rises in the East. *Le soleil se lève à l'Est.*

My brother works in an insurance company.
Mon frère travaille pour une compagnie d'assurances.

Avec les **adverbes de fréquence** : often, some-times, occasionally, never, rarely, always, vous devez utiliser le présent simple.

>Nick often goes to the pub.
>*Nick va souvent au pub.*
>Don't you ever eat meat?
>*Tu ne manges jamais de viande ?*

● avec les **verbes d'état**, **d'opinion**, **de sentiment** ou **de perception** :

Do you know Roger Toad?
Est-ce que vous connaissez Roger Toad ?

Jenny adores chocolate. *Jenny adore le chocolat.*

● dans des **commentaires** sportifs, des **indications scéniques**, des **recettes** de cuisine ou encore des **instructions** d'utilisation :

Gerrard passes to Torres. Torres shoots and it's a goal!
Passe de Gerrard à Torres. Tir de Torres et but !

● pour faire le **résumé** d'un film ou d'un livre :

Rick moves closer to Lisa and tells her to shoot him if she wants to. *Rick se rapproche de Lisa et l'invite à lui tirer dessus si elle le veut.*

Attention ! Le présent simple ne s'emploie pas pour faire un récit historique, alors que le français l'affectionne dans ce contexte :

>The Armada finally left Lisbon on the 29th of May 1588.
>*L'Armada quitte ou quittera enfin Lisbonne le 29 mai 1588.*

● avec une valeur de **futur** :

– lorsque l'événement a été **programmé, planifié** :

19

I. LE GROUPE VERBAL

The plane leaves in ten minutes.
L'avion part dans dix minutes.

– dans les subordonnées introduites par **if** (*si*), **when** (*quand*), **as soon as** (*dès que*) ou **after** (*après*), après une principale avec **will** :

She'll see her mother when she goes to London next month.
Elle verra sa mère quand elle ira à Londres le mois prochain.

LE PRÉSENT EN BE + ING : I AM GOING

Attention : contrairement au français, il existe en anglais deux formes de présent : le présent simple et le présent en **be + ing**. Les informations ci-dessous devraient vous aider à ne plus faire d'erreurs entre ces deux formes.

Formation

Le présent en **be + ing** se forme avec l'auxiliaire **be** au présent + base verbale en **-ing** :

Shana is watching TV.
Shana regarde la télévision. [est en train de regarder]

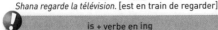

> **is** + verbe en **ing**
> **are** + verbe en **ing**

● Dans les énoncés **négatifs**, on place la négation **not** après l'**auxiliaire** :

He is not doing too well at the moment.
Il ne va pas très bien en ce moment.

● À l'**oral**, on utilise généralement les formes **contractées** : **aren't** et **isn't** :

20

He isn't doing too well at the moment.
Il ne va pas très bien en ce moment.

● Dans la phrase **interrogative**, il y a **inversion** du sujet avec l'auxiliaire :

Is your mother making the dinner?
Est-ce que ta mère prépare le dîner ?

Emplois

On emploie le présent en be + ing

● pour parler d'un événement **en cours de déroulement**.
I'm listening to the radio. Be quiet!
J'écoute la radio. Ne fais pas de bruit !
It's raining. *Il pleut.*

> Avec les expressions now, at the moment, today, this week, vous devez utiliser le présent en be + ing.

● pour exprimer un **changement, un passage d'un état à un autre** :
Global warming is getting worse.
Le réchauffement climatique empire.

● pour exprimer un **projet, une intention**. Il a alors une **valeur de futur** :
I'm starting work at the bakery on Monday.
Je commence à travailler à la boulangerie lundi.

> Lorsque le présent en be + ing est associé à des expressions et adverbes de temps comme **soon**, **later**, **next week**, **in two months**, **tomorrow**, il a une valeur de **futur**.

21

Cette valeur se rencontre souvent avec des verbes de mouvement :

Rhiannon's coming home tomorrow.
Rhiannon rentre demain.

● pour évoquer une **situation temporaire** :

Ben **is living** in Ouagadougou.
*Ben habite Ouagadougou **en ce moment**.*

Ben **lives** in Ouagadougou. *Ben habite Ouagadougou.*

> Contrairement à ce que vous avez vu précédemment, le présent en be + ing peut parfois être utilisé avec l'adverbe de fréquence always. Il s'agit alors très souvent d'une critique de la part de l'énonciateur.
> You are **always** criticizing me in public!
> *Tu n'arrêtes pas de me critiquer devant les autres !*

● pour exprimer sa **volonté**, à savoir soit son intention de faire quelque chose soit son refus :

I'm not eating this! It's disgusting.
Pas question que je mange ça ! C'est dégoûtant.

I'm going to the pub whether you like it or not.
Je vais au pub que cela te plaise ou non.

L'expression de cette volonté peut porter sur autrui :

There's no way you're wearing that dress.
Il est hors de question que tu portes cette robe.

● pour revenir sur ce qu'on vient de dire :

What I'm basically saying is that you're wrong.
Ce que j'essaie de te dire est que tu te trompes.

La forme be + ing ne s'emploie pas avec...

● les verbes exprimant des **attitudes intellectuelles**,

psychiques ou **spéculatives**, comme imagine, know, suppose, understand :
I know you are tired. *Je sais que tu es fatigué.*

● les verbes exprimant des **attitudes affectives**, comme like, hate, prefer, want :
She likes politics. *Elle aime la politique.*

● les **verbes d'état**, les verbes exprimant la **possession**, l'**appartenance**, comme have, et la **caractéristique**, comme be, à savoir belong to, own, consist of, depend on, matter, resemble, appear :
It depends on you. *Ça dépend de toi.*

> Cependant, lorsqu'un verbe n'est plus présenté comme un état, mais comme une activité, que cel-le-ci soit physique ou mentale, on peut l'associer à la forme en be + ing.
> Observez donc les deux exemples suivants :
> What do you think of Atonement?
> *Que penses-tu de Expiation ?*
> What are you thinking of? *À quoi penses-tu ?*

LE PRÉTÉRIT (FORME SIMPLE) : I WENT

Formation

● Pour les verbes **réguliers**, le prétérit simple (simple past) se forme en ajoutant le suffixe -ed à la base verbale :
Peter and Pauline visit the Musée d'Orsay.
Peter et Pauline visitent le musée d'Orsay.
Peter and Pauline visited the Musée d'Orsay.
Peter et Pauline ont visité le musée d'Orsay.

23

● Pour les verbes **irréguliers**, vous devez utiliser la forme verbale de la deuxième colonne du tableau de verbes irréguliers page 309.

He went to Japan two years ago.
Il est allé au Japon il y a deux ans.

Le verbe au prétérit a la même forme à toutes les personnes. Il n'y a pas de forme à part pour la troisième personne du singulier. Les formes du verbe **be** au prétérit font cependant exception à cette règle :

singulier	pluriel
I was	we were
you were	you were
he/she/it was	they were

I was sure you were going to be late.
J'étais sûr que tu allais être en retard.

Jenny asked us whether we were happy.
Jenny nous a demandé si nous étions heureux.

● Pour les phrases qui ne comportent pas d'auxiliaires, vous devez utiliser **did**, c'est-à-dire l'auxiliaire **do** au passé, pour passer aux formes négative, interrogative ou encore emphatique.

I didn't like the end of the film. *Je n'ai pas aimé la fin du film.*

Did you drink all the Chivas Regal?
Tu as bu tout le Chivas Regal ?

They did get married. *Ils se sont vraiment mariés.*

Emplois

On emploie le prétérit pour...

● parler **d'événements**, de **faits** du **passé**, entièrement révolus. **Aucun lien n'est établi avec le présent**. Au contraire, avec le prétérit, on parle même de rupture entre passé et présent.

Roger Toad left school in 1996.
Roger Toad a mis fin à sa scolarité en 1996.

Parfois la référence au temps passé n'est qu'implicite :

I knew Algy at Cambridge. (= when I was at Cambridge)
Je connaissais Algy à Cambridge. (lorsque j'étais à Cambridge)

> Avec des expressions indiquant une date du passé, vous devez utiliser le prétérit.
> in 1999, in June, last summer,
> when I was a boy, three weeks ago, etc.

> Pour parler de faits ou d'actions qui **étaient valables** dans le passé mais qui ne le sont plus maintenant (ou inversement), on utilise used to.
> This used to be a church, but now it's a pub.
> *Autrefois ce pub était une église.*
> He used to play football, but he plays golf now.
> *Avant il jouait au foot, mais maintenant il joue au golf.*

● pour parler **d'habitudes du passé** :

She never listened to the radio.
Elle n'écoutait jamais la radio.

> Pour parler **d'actions répétées dans le passé**, on peut aussi utiliser le modal would. On parle alors de « would fréquentatif ».
> My mother would tell us stories.
> *Ma mère nous racontait souvent des histoires.*

● pour décrire une **succession** de faits qui s'intègrent dans un **récit** :

25

I. LE GROUPE VERBAL

Joseph complained that he was dry, and desired a little tea, which Barnabas reported to Mrs Tow-House.
Joseph se plaignit d'avoir soif et demanda un peu de thé, désir que Barnabas transmit à Mme Tow-House.

● **parler de faits, d'actions imaginaires** ou **irréelles**. On constate alors non pas une rupture entre le passé et le présent mais plutôt entre le réel et l'irréel.

On retrouve cette valeur (modale) du prétérit...

– dans les subordonnées introduites par if :

If you really **loved** me you wouldn't keep criticizing my cooking. *Si tu m'aimais vraiment, tu arrêterais de critiquer ma cuisine.*

– après des expressions comme **I'd rather** *(je préférerais)* ou **it's (about) time** *(il serait temps)* :

I'd rather you **didn't** come tomorrow.
Je préférerais que tu ne viennes pas demain.

It's about time you **stopped** cheating in tests. *Il serait temps que vous cessiez de tricher lors des contrôles.*

> **!** Dans une langue soutenue, pour exprimer le souhait ou l'hypothèse, on préfère utiliser **were** (et non pas **was**) à toutes les personnes.
> If I **were** you, I wouldn't say that.
> *Si j'étais à ta place, je ne dirais pas ça.*
> If only it **were** true. *Si seulement c'était vrai.*

LE PRÉTÉRIT EN BE + ING : I WAS GOING

Formation

Le prétérit **be + ing** se forme avec **be** au prétérit + base verbale + **-ing** :

I was watching television when you called.
J'étais en train de regarder la télévision lorsque tu as appelé.

We were shopping when it started raining.
On faisait les courses quand il s'est mis à pleuvoir.

> was + verbe en ing
> were + verbe en ing

● Dans les phrases **négatives**, la négation s'ajoute à l'auxiliaire :

It **wasn't raining** when I left the house.
Il ne pleuvait pas lorsque je suis sorti de la maison.

● Dans les phrases **interrogatives**, il y a inversion du sujet et de l'auxiliaire :

Where **were you going** when I saw you?
Où allais-tu lorsque je t'ai rencontré ?

Emplois

On emploie le prétérit en be + ing...

● pour parler d'un **événement du passé en cours de déroulement**.

L'énonciateur met l'accent sur le déroulement de ces événements dans le passé, sans considérer le moment où ils se terminent :

What **were you doing** in San Francisco?
Qu'est-ce que vous faisiez à San Francisco ?

We **were working** on an organic farm.
On travaillait dans une ferme bio.

● pour décrire les **circonstances** ou le **contexte** d'un **événement du passé**.

27

Pour parler de l'activité en cours de déroulement dans le passé, vous devez utiliser le prétérit en be + ing alors que vous devez utiliser le prétérit simple pour l'événement soudain qui interrompt cette action en cours.

They arrived	while	we were washing up.
Lorsqu'ils sont arrivés, nous étions en train de faire la vaisselle.		
événement soudain		**action en cours**
↓		**de déroulement**
prétérit simple		↓
		prétérit en be + ing

Lorsque les événements ont lieu en même temps, la forme en be + ing peut être employée dans les deux propositions :

You **were watching** the television while I **was washing** up.
Tu regardais la télévision pendant que je faisais la vaisselle.

> Lorsque le prétérit be + ing est modifié par des adverbes comme just, recently, il désigne un événement passé très récent :
> My sister **was** just **saying** that there's been a fire at her school. *Ma sœur disait à l'instant qu'il y a eu un incendie dans son école.*

LE PRESENT PERFECT : I HAVE GONE

Formation

Le present perfect se forme avec have **au présent + participe passé** du verbe :

Antoine **has lost** his keys again.
Antoine a encore perdu ses clés.

GRAMMAIRE

> have + participe passé
> has + participe passé

● À la forme **négative**, la négation **not** ou sa forme contractée **n't** s'ajoute à l'auxiliaire :
My pay hasn't gone up this year.
Mon salaire n'a pas été augmenté cette année.

● À la forme **interrogative**, il y a inversion du sujet et de l'auxiliaire :
Have you seen 'No Country for Old Men' yet?
Avez-vous vu « No Country for Old Men » ?

Emplois

> Le **present perfect** s'emploie pour parler d'un événement passé (terminé ou non) qui a un **lien avec le présent**.

> Rappel : vous devez utiliser le **prétérit** lorsqu'il n'y a **pas de lien avec le présent**.

On emploie le **present perfect**...

● pour décrire des faits qui sont **toujours valables au moment présent** :
He's taught English for fourteen years.
*Ça fait quatorze ans qu'il **enseigne** l'anglais.*

● pour parler de faits qui ont une **incidence sur le présent** :
He's lost his keys. He can't get into his house.
Il a perdu ses clés. Il ne peut pas rentrer chez lui.

29

I. LE GROUPE VERBAL

● pour faire un **bilan** :

Liverpool have won the European Cup five times.
Liverpool a gagné cinq fois la Coupe d'Europe.

> Avec des adverbes tels que **already, before, ever, never, yet, recently, just**, des expressions temporelles comme **until now, so far** et les prépositions **since** et **for**, vous devez généralement employer le **present perfect**. Toutes ces expressions indiquent en effet un lien entre le passé et le présent, ce qui constitue la caractéristique fondamentale du **present perfect**.
> I have never talked to him. *Je ne lui ai jamais parlé.*
> I've always wanted to go bungee jumping.
> *J'ai toujours voulu faire du saut à l'élastique.*
> Have you ever eaten haggis?
> *Avez-vous déjà mangé de la panse de brebis farcie ?*

for et since

For et **since** lorsqu'ils sont associés au **present perfect** se traduisent tous deux par **depuis**. Il existe cependant une différence d'utilisation.

> ● **For** s'utilise pour introduire une **durée**, par exemple **for years** *depuis des années*, **for 3 weeks** *depuis trois semaines*, **for a long time** *depuis longtemps*.
> He's known Lolita for five years.
> *Il connaît Lolita depuis cinq ans.*
> *Ça fait cinq ans qu'il connaît Lolita.*

● **Since**, en revanche, s'utilise pour introduire une **date**, par exemple since 2002 *depuis 2002*, since Christmas *depuis Noël*, since you arrived *depuis ton arrivée*.

He hasn't talked to his brother since 2001.
Il n'a pas parlé à son frère depuis 2001.

Attention, il est également possible d'utiliser for avec le **prétérit**. On évoque dans ce cas la durée d'une action du passé sans lien avec le présent.

He lived in Antibes for five years during the 1990s.
Il a vécu à Antibes pendant cinq ans dans les années 1990.

Le passé composé français : present perfect ou prétérit ?

Étant donné que le present perfect ressemble par sa forme au passé composé français (*avoir* + participe passé), les locuteurs français ont souvent tendance à assimiler ces deux formes verbales et traduire le passé composé français par le present perfect. Avant de traduire votre phrase en anglais, vous devez absolument vous demander si l'événement en question a un lien avec le présent ou pas.

● Si l'événement a un **lien avec le présent**, vous devez utiliser le present perfect :

Have you read this book? *As-tu lu ce livre ?*

● En revanche si l'événement est présenté comme **coupé du présent**, surtout si votre phrase comporte des expressions telles que last + (year, week, etc.), yesterday, in + année (du passé) ou encore durée + ago, vous devez utiliser le **prétérit** :

I saw Anthony Hugo down the pub yesterday.
J'ai vu Anthony Hugo au pub hier.

Pour un même événement, vous pouvez formuler une phrase soit au prétérit soit au passé composé en fonction de l'élément que vous voulez mettre en valeur :
- les incidences sur le présent (valeur de bilan) [present perfect]

  Have you seen the Van Gogh exhibition at the Tate Gallery?

  Avez-vous vu l'exposition Van Gogh à la Tate Gallery ?
- les activités lors du séjour à Londres (repérage de la situation dans le passé) [prétérit]

  Did you see the Van Gogh exhibition when you were in London?

  Avez-vous vu l'exposition Van Gogh lorsque vous étiez à Londres ?

Enfin, même s'il existe en français deux auxiliaires pour le passé composé (*être* et *avoir*), on n'utilise que l'auxiliaire have pour former le present perfect. Bannissez donc la traduction mot à mot et mémorisez la structure du present perfect : have/has + **participe passé**.

Roger **est** *arrivé.*
Roger has arrived.
J' **ai** *déjà mangé.*
I have already eaten.

Pour info : à la différence des Britanniques, les Américains ont plutôt tendance à utiliser le prétérit dans les phrases qui ne comportent pas de locutions temporelles.

Have you seen the film? *As-tu vu le film ?*
Did you see the film? *As-tu vu le film ?*

LE « PRESENT PERFECT » EN BE + ING : I HAVE BEEN GOING

Formation

Le **present perfect en be + ing** se construit avec le present perfect de be (has been / have been) suivi de la forme verbale en -ing :

> It's **been raining** for three days.
> *Ça fait trois jours qu'il pleut.*

> **have been** + verbe en -ing
> **has been** + verbe en -ing

Emplois

On emploie le **present perfect en be + ing**...

● pour des événements ayant un **lien avec le présent** tout en prenant en compte le **déroulement de cet événement** et notamment les **conséquences de cet événement sur le sujet** :
You've **been working** far too much recently. You look exhausted. *Tu travailles beaucoup trop ces derniers temps. Tu as l'air épuisé.*

● pour parler d'activités qui **continuent dans le présent** ou qui **viennent juste de se terminer** :
They've **been playing** tennis for three hours.
Ils jouent au tennis depuis trois heures.

She's **been waiting** for you for more than an hour.
Ça fait plus d'une heure qu'elle t'attend.

● Le **present perfect en be + ing** s'emploie souvent avec des verbes qui décrivent des **états temporaires**, comme

33

wait, sit, stand et stay. Il est souvent associé à for et
since, qui indiquent respectivement la durée ou le point
de départ d'une action :

She's been sitting there for hours now.
Ça fait maintenant des heures qu'elle est assise là.

She's been singing since her childhood.
Elle chante depuis qu'elle est toute petite.

En revanche, il ne peut pas s'employer avec les verbes
qui n'acceptent pas la forme be + ing, par exemple les
verbes d'état.

present perfect simple ou en be + ing ?

Afin de ne pas faire d'erreurs entre present perfect
simple et present perfect en be + ing, vous devez vous
demander si l'on s'intéresse plutôt

● au **résultat** (present perfect **simple**)

● ou aux **conséquences** de l'activité du sujet (present
perfect en be + ing).

Les exemples suivants devraient vous aider à y voir plus
clair :

– Have you written the letter?
As-tu écrit la lettre ? (est-elle écrite ?)

On évoque ici un **bilan**, le **résultat direct** du verbe *écrire* :
on veut savoir si la lettre a bien été écrite.

– You've got ink on your fingers. Have you been writing?
Tu as de l'encre plein les doigts. Tu écrivais ?

On ne s'intéresse pas ici au résultat direct du verbe
écrire, on ne se soucie pas de savoir si une lettre a bien
été écrite. En revanche, on s'intéresse à **l'activité** du **sujet**
et à ses **conséquences** (doigts tachés d'encre).

Voici une deuxième série d'exemples afin de vous aider à bien saisir la différence entre **present perfect simple** et **present perfect** en **be + ing** :

> I've picked three kilos of apples.
> Now, I can make a good apple pie.
> *J'ai ramassé trois kilos de pommes.*
> *Maintenant, je peux faire un bon apple pie.*
> I've been picking apples all day.
> Now, my back hurts.
> *J'ai ramassé des pommes toute la journée.*
> *Maintenant, j'ai mal au dos.*

LE PLUPERFECT : I HAD GONE

Formation

Le **pluperfect** se construit comme le **present perfect**, mais l'auxiliaire **have** est au passé : **had + participe passé**.
She suddenly realised she **had left** her phone at home.
Tout à coup elle s'est rendu compte qu'elle avait laissé son portable à la maison.

had + participe passé

Emplois

On emploie le **pluperfect**…

● pour insister sur **l'antériorité** d'un **événement passé** par rapport à un autre **événement passé**. Il sert de passé au **prétérit simple** et au **present perfect**. On parle parfois de « passé dans le passé ».

35

I. LE GROUPE VERBAL

Hortense knew where to go; she had been there before. *Hortense savait où aller ; elle y **était** déjà **allée**.*

Souvent le **pluperfect** a une valeur explicative. Il effectue un retour en arrière, une sorte de **flash-back**, afin de fournir un contexte à un événement. On constate souvent une inversion entre l'ordre chronologique des faits et l'ordre de la phrase. Ce procédé est très courant dans les textes littéraires.

He didn't go with them to the cinema because he had already seen the film.
Il ne les accompagna pas au cinéma car il avait déjà vu le film.

● pour évoquer une situation **non réelle ou non réalisée**.

– On parle souvent de « l'irréel du passé » ou de **pluperfect modal**. On envisage le contraire de ce qui s'est réellement passé :

If I had known you liked football I would have invited you over for the match.
Si j'avais su que tu aimais le foot, je t'aurais invité chez moi pour le match.

If I hadn't taken a taxi I would have missed the plane.
Si je n'avais pas pris de taxi, j'aurais raté mon avion.

If I had known you were coming I would have stayed at home. *Si j'avais su que tu venais, je serais resté chez moi.*

– avec **if only... et I wish... :**

If only you had come! *Si seulement tu étais venu !*

I wish you hadn't told her the truth.
J'aurais préféré que tu ne lui dises pas la vérité.

● dans des **propositions subordonnées avec une principale au passé**, et surtout dans le **discours rapporté**.

It was obvious that they had never eaten haggis before.

Il était évident qu'ils n'avaient jamais mangé de panse de brebis farcie auparavant.

"Have you finished reading Tristam Shandy?" she asked.

« As-tu fini de lire Tristam Shandy ? » demanda-t-elle.

She asked me if I had finished reading Tristam Shandy.
Elle m'a demandé si j'avais fini de lire Tristam Shandy.

Contrairement au français, il n'existe qu'un seul auxiliaire pour former le pluperfect : **had**.
*Elle **était tombée** malade des années auparavant.*
She had fallen ill years before.
*Elle n'**avait** jamais **voulu** en parler.*
She had never wanted to talk about it.

LE PLUPERFECT EN BE + ING : I HAD BEEN GOING

Formation

She could not drive as she had been drinking all night.
Elle ne pouvait pas conduire car elle avait bu toute la nuit.

had been + verbe en ing

Emplois

Dans ce cas, c'est **l'activité** du **sujet** qui est mise en valeur, et la notion de **durée** est soulignée davantage qu'avec la forme simple.

He had been sitting there for two hours before she arrived.
Ça faisait deux heures qu'il était assis là lorsqu'elle est arrivée.

LE FUTUR

Contrairement au français, il n'y a pas de temps spécifique pour l'expression du futur en anglais. Les francophones ont tendance à employer systématiquement la forme **will + infinitif** (sans to). Cependant, l'anglais dispose d'un vaste éventail de formes grammaticales pour parler d'événements du futur. Vous devrez choisir une forme plutôt qu'une autre en fonction de divers paramètres tels que le degré de probabilité de réalisation de l'événement, sa planification ou encore le moment prévu de réalisation...

Voici les différentes manières d'exprimer le futur :

will + infinitif (sans to) : *I will go*

La forme réduite est 'll. La forme négative will not a pour forme réduite won't.

On emploie will

● pour faire une **prévision** :

It will rain tomorrow on most of the country.
Il pleuvra demain sur la plupart du pays.
They'll be here soon. *Ils seront bientôt là.*

● pour exprimer **une intention prise au moment où on parle** :

I'll start my diet on Monday.
Je me mettrai au régime lundi.

! Attention : en anglais, on n'utilise **pas de futur** après when (*quand*), as soon as (*dès que*), while (*pendant que*), as long as (*tant que*) ou encore until (*jusqu'à ce que*), dans les subordonnées temporelles. Dans ce cas-là, on emploie le présent.

> She will tell him when she **sees** him.
> *Elle lui dira quand elle le **verra**.*

En revanche, on utilise will dans les interrogatives, que ce soit au style direct ou indirect.

> When will you tell her? *Quand lui **diras**-tu ?*
> I don't know when I **will see** him.
> *Je ne sais pas quand je le **verrai**.*

Dans une langue **soutenue**, on utilise parfois shall à la place de will à la première personne du singulier (I) et du pluriel (we). Shall a pour forme réduite 'll. Sa forme négative shall not a pour forme réduite shan't.

We shall be glad to meet your parents.
Nous serons ravis de rencontrer vos parents.

Dans la pratique, shall s'emploie surtout à la première personne du singulier et du pluriel, pour faire une **suggestion** :

Shall we go out for a meal tonight?
Et si nous allions au restaurant ce soir ?

will + be + verbe en be + ing : *I will be going*

On emploie will + be + **verbe** en ing

● pour présenter un événement futur en insistant sur son **déroulement** :

I'll be working late tomorrow.
Je travaillerai jusqu'à tard demain.

● pour annoncer un **événement déjà prévu** :

39

She'll be talking to her fans at 3 o'clock in the hotel lobby. *Elle parlera à ses fans dans le hall de l'hôtel à 3 heures.*

● pour être **moins direct** et donc **plus poli** qu'avec la forme simple (will + infinitif) :

We will be asking you to create 2 passwords.
Nous vous demanderons de bien vouloir créer 2 mots de passe.

présent en be + ing : *I am going*

On emploie le **présent** en be + ing pour présenter l'événement futur **comme s'il se déroulait déjà**. C'est la locution temporelle (tomorrow, tonight...) qui indique qu'il s'agit d'un futur. Cette forme s'emploie souvent pour évoquer un événement « planifié ».

She's taking me out to dinner tonight.
Elle m'emmène dîner ce soir.

be going to + infinitif : *I am going to go*

On emploie cette tournure

● pour évoquer des **intentions** lorsque la **décision a déjà été prise** :

We are going to help her. *Nous allons l'aider.*

● pour exprimer une **certitude**, grâce à certains **indices** de la situation présente, qu'un événement aura lieu :

Look at those clouds! It's going to rain.
Regarde ces nuages ! Il va pleuvoir.

le présent simple : *I go*

On peut aussi utiliser le présent simple pour des événements du futur tels que des **horaires**, des éléments **d'emploi du temps**, etc. :

The train leaves at eight o'clock.
Le train part à huit heures.

be about to + infinitif : *I am about to go*

On utilise cette tournure pour indiquer que l'événement est sur le point d'avoir lieu, qu'il est **imminent** :

They're about to leave. *Ils sont sur le point de partir.*

be to + infinitif : *I am to go*

On emploie cette forme pour indiquer que l'événement est **déjà prévu et planifié** et doit logiquement avoir lieu :

We're to see him on Tuesday. *Nous devons le voir mardi.*

The Prime Minister is to visit the factory on Friday.
Le Premier ministre doit visiter l'usine vendredi.

 On utilise souvent le verbe **devoir** pour traduire be to.

be likely + infinitif : *I am likely to go*

On emploie cette tournure pour indiquer que l'événement a de **fortes chances de se produire** :

The Prime Minister is likely to resign. *Il y a de fortes chances pour que le Premier ministre démissionne.*

« be bound to » ou « be sure to » + infinitif

On emploie cette tournure pour indiquer que l'événement se réalisera de manière certaine :

She is bound to regret it.
She is sure to regret it.
Il est certain qu'elle le regrettera.

41

I. LE GROUPE VERBAL

hope to / expect to / intend to / plan to / want to + infinitif

On emploie également des verbes dont le sens indique qu'il s'agit d'un événement futur.

He **intends to** learn Greek when he has a little more time. *Il a l'intention d'apprendre le grec lorsqu'il aura un peu plus de temps.*

LES AUXILIAIRES MODAUX

Voici un tableau récapitulatif des auxiliaires modaux :

au présent	au prétérit
can	could
may	might
must	
shall	should
will	would

On traitera aussi le cas de dare et need.

● Contrairement aux verbes lexicaux qui prennent un -s à la troisième personne du présent (he plays the piano), **les modaux ont, au présent, une seule et unique forme à toutes les personnes** :

I **can** go	we **can** go
you **can** go	you **can** go
he/she/it **can** go	they **can** go

① Les modaux n'ont pas de forme en -ing, mais ils peuvent se combiner avec la forme **be + ing**, pour exprimer notamment la **probabilité** :

He can't still be working. [forte improbabilité]
Il ne peut pas être encore en train de travailler.
He must be joking. [forte probabilité]
Il doit sûrement plaisanter.

● Les auxiliaires modaux sont suivis :

– de l'infinitif (sans to) au présent : I can see you. *Je te vois.*

– de l'infinitif passé (**have + participe passé**) :

She should have taken a taxi. *Elle aurait dû prendre un taxi.*

– de l'infinitif passif (**be + participe passé**) :

He must be caught immediately.
Il faut l'arrêter tout de suite.

[littéralement : *il doit être arrêté tout de suite*]

– de l'infinitif progressif (**be + verbe en -ing**) :

I will be seeing him tomorrow. *Je le verrai demain.*

① Les auxiliaires modaux **ne peuvent pas être suivis de** :

– **to + verbe** : I will help you ;

– **d'un autre modal.**

Vous devez alors employer une tournure équivalente :

I might be able to help you. (**et non pas** can)
Il se pourrait que je puisse t'aider.

can (cannot ou plus souvent can't)

On emploie **can**...

43

I. LE GROUPE VERBAL

● pour exprimer la **capacité** :

She can speak Spanish. *Elle sait parler espagnol.*

She can sing, but she can't dance.
Elle sait chanter, mais pas danser.

> **❗** Lorsque can exprime une capacité, on le traduit souvent par le verbe **savoir**.

On emploiera donc logiquement can't pour exprimer l'incapacité.

I can't sew at all. *Je ne sais pas du tout coudre.*

> **❗** Avec des verbes de perception comme see (*voir*) ou hear (*entendre*), on ne traduit généralement pas can.
> I can hear birds singing. *J'entends des oiseaux chanter.*

> **❗** Lorsque l'on ne peut pas utiliser de modal (notamment après un autre auxiliaire modal),
> ● on utilise la tournure be able to (*être capable de*) pour exprimer **la capacité** :
> I will be able to help you next Friday.
> *Je pourrai t'aider vendredi prochain.*
> ● on utilise la tournure négative not be able to (*ne pas être capable de*) ou be unable to (*être incapable de*) pour exprimer **l'incapacité** :
> I haven't been able to find him.
> *Je n'ai pas réussi à le trouver.*

● pour exprimer une **permission** :

Can I ask you a question?
Est-ce que je peux vous poser une question ?

On emploiera donc logiquement can't pour exprimer un refus de permission, une absence d'autorisation.

I'm sorry, you can't stay here.
Je suis désolé, vous n'avez pas le droit de rester ici.

> Lorsque l'on ne peut pas utiliser de modal (notamment après un autre auxiliaire modal),
> ● on utilise la tournure **be allowed to** (*être autorisé à*) pour exprimer **la permission** :
> You will be allowed to eat and drink after the exercise. *Vous pourrez manger et boire après l'exercice.*
> ● on utilise la tournure négative **not be allowed to** (*ne pas être autorisé à*) pour exprimer **l'absence de permission** :
> He has not been allowed to have contact with his family. *Il n'a pas été autorisé à contacter sa famille.*

● pour **demander** ou **proposer** quelque chose :
Can you help me? *Est-ce que tu peux m'aider ?*
Can I give you a lift?
Est-ce que je peux vous conduire quelque part ?

● pour exprimer la **possibilité qu'un événement puisse se produire** :

She can be very witty. *Il arrive qu'elle soit très drôle.*

Can he be English with a name like Wycherley?
Peut-il être anglais avec un nom comme Wycherley ?

On utilisera donc can't pour exprimer une **quasi-impossibilité**. You cannot be serious! *Tu plaisantes !*

Il est tout à fait possible d'exprimer la **quasi-impossibilité** à **propos d'un événement du passé**.

Dans ce cas, on utilise can ou can't + **infinitif passé** (have + participe passé) :

She can't have told him that. *Elle ne peut pas lui avoir dit ça.*

45

I. LE GROUPE VERBAL

could (couldn't / could not)

On emploie could, le prétérit de can :

● pour désigner une **capacité** dans un **contexte passé** :

She **could** sing very nicely as a child.
Elle chantait très bien quand elle était petite.

He said he **could** do it. *Il a dit qu'il pouvait le faire.*

Dans les deux phrases précédentes, on aurait pu aussi utiliser be able to au **prétérit** soit was/were able to pour exprimer la capacité au passé.

Le prétérit de can't peut désigner une **incapacité** dans un **contexte passé** :

I **couldn't** tell him my secret.
Je n'ai pas pu lui dire mon secret.

La tournure not be able to au prétérit soit wasn't/weren't able to peut être utilisée pour exprimer l'incapacité au passé.

> Attention ! Pour exprimer la permission ou l'absence de permission au passé, on utilise plutôt la tournure be allowed to ou not be allowed to **au passé** et non pas could afin d'éviter la confusion avec l'expression de la capacité.

● pour demander une **permission** de façon plus **polie** qu'avec can :

Could I ask you a question?
Pourrais-je vous poser une question ?

Même si could est le prétérit de can, on peut aussi l'utiliser pour des situations qui n'appartiennent pas au passé.

● pour **demander** ou **proposer** quelque chose de manière **polie** :

Could you help me? *Pourriez-vous m'aider ?*

We could give you a lift. *Nous pourrions vous y conduire.*

● pour exprimer un **reproche** :

You could help me. *Tu pourrais m'aider.*

Ce reproche peut aussi porter sur une action passée. Dans ce cas, on utilise **could + have + participe passé** :

You could have helped me. *Tu aurais pu m'aider.*

● pour exprimer une **éventualité** :

She could be in the garden.
Il se pourrait qu'elle soit dans le jardin.

You could be rich if you really wanted.
Tu pourrais être riche si tu le voulais vraiment.

may (mayn't / may not)

May est utilisé :

● pour **demander** ou **accorder** une **permission** dans un style plus **soutenu** qu'avec can :

May I have some more soup please?
Puis-je reprendre de la soupe, s'il vous plaît ?

You may smoke outside.
Vous avez le droit (l'autorisation) de fumer dehors.

À part dans les questions à la première personne (may I?, may we?), il est plus fréquent d'employer can dans la plupart des contextes :

Can I smoke here? *Puis-je fumer ici ?*

On utilise may not pour refuser une permission :

You may not stay here. *Vous ne pouvez pas rester ici.*

De même qu'avec can, on utilise be allowed to lorsque l'on ne peut pas utiliser de modal.

47

Au discours indirect au passé, might remplace may.

Sir Algernon informed his nephew Charles that he might no longer see his cousin Amelia Swinburne.

Sir Algernon fit savoir à son neveu Charles qu'il ne lui était plus loisible de voir sa cousine Amelia Swinburne.

● **proposer** ou **demander** quelque chose de façon **polie** :

May I ask you a question? *Puis-je vous poser une question ?*

De même que could, might permet de formuler des suggestions ou encore de demander ou de proposer quelque chose.

● pour exprimer une **éventualité**. En général, le degré de certitude est plus élevé qu'avec might mais moins important qu'avec could. Avec may, il y a autant de chances que l'événement se produise que le contraire :

She may sell her house in Spain. But on the other hand she may not. *Elle vendra peut-être sa maison en Espagne. Mais peut-être pas.* ou *Il se peut qu'elle vende sa maison en Espagne ou pas.*

might (mightn't / might not)

Might, en revanche, désigne une **possibilité devenue très incertaine** :

Liverpool might win the league one day.
Il se pourrait que Liverpool gagne le championnat un jour.

I might be late for your party.
Il se pourrait que je sois en retard pour ta fête.

> Pour formuler une éventualité à propos d'une action du passé, on peut utiliser may + infinitif passé (have + participe passé) ou might + infinitif passé (have + participe passé) en fonction du degré de certitude.

> She may have told him the truth. *Elle lui a peut-être dit la vérité.* ou *Il se peut qu'elle lui ait dit la vérité.*
> She might have told him the truth.
> *Il se pourrait qu'elle lui ait dit la vérité.*

must (mustn't / must not)

On utilise **must** :

● pour exprimer **l'obligation** :

You must look left and right before crossing!
Tu dois regarder à gauche et à droite avant de traverser !

> La forme négative **mustn't** n'exprime pas l'absence d'obligation mais **l'interdiction**.

Mustn't exprime **l'interdiction** :

You mustn't do that. It's naughty!
Tu ne dois pas agir ainsi. C'est très vilain !

On peut également employer la tournure **have to** et **have got** (plus familier) pour exprimer cette **obligation**. En anglais américain **must** et ces tournures s'emploient de façon interchangeable. En anglais britannique, on emploie plutôt **have to/have got to** lorsque l'obligation émane de l'extérieur et **must** lorsque cette obligation vient de nous-mêmes et a plutôt un sens moral :

I must go and see my grandmother. I miss her.
Je dois aller voir ma grand-mère. Elle me manque.

We have to respect the law. *Nous devons respecter la loi.*

49

Attention ! Si must et have to peuvent être **synony-mes**, il n'en est rien pour leurs formes négatives !

mustn't = **interdiction**
You mustn't tell her the truth.
Tu ne dois pas lui dire la vérité.

don't have to = **absence d'obligation**
You don't have to tell her the truth.
Tu n'es pas obligé de lui dire la vérité.

Lorsque l'on ne **peut pas utiliser de modal**, on utilise have to. C'est le cas au passé.

We had to wake up early. *Nous avons dû nous lever tôt.*

Dans le discours rapporté, en revanche, must peut être conservé :

She told us we mustn't forget to say our prayers.
Elle nous a dit que nous ne devions pas oublier de faire notre prière.

● pour exprimer la **certitude** de l'énonciateur.

L'événement dont il parle « est obligé » pour ainsi dire d'être vrai :

He must be very rich with a car like that.
*Il **doit** être très riche pour avoir une telle voiture.*

En revanche, la certitude qu'une chose n'est **pas vraie** se traduit plutôt avec can't :

He can't seriously expect us to believe that!
Il n'espère tout de même pas qu'on va croire à ça !

Pour une certitude portant sur **un fait passé** on emploie must + infinitif passé (have + **participe passé**) :

Where are the keys? You must have left them at home!
Où sont les clés ? Tu as dû les laisser à la maison.

> ⚠ Comment traduire « **avoir dû** » ?
>
> Si vous souhaitez exprimer une **obligation au passé**
> ⇨ had to
>
> We had to run to catch the train.
> *Nous **avons dû courir** pour avoir le train.*
>
> Si vous souhaitez exprimer une **quasi-certitude portant sur un fait passé**
> ⇨ must have + participe passé
>
> They are late. They must have missed the train.
> *Ils sont en retard. Ils **ont dû rater** le train.*

shall ('ll / shall not / shan't)

On emploie shall...

● principalement à la première personne du singulier et du pluriel (I et we) pour faire des **suggestions** :

Shall I get you another beer?
Tu veux que je te prenne une autre bière ?

Shall we go now? *Et si on partait ?*

● dans un style très soutenu pour exprimer une **promesse** ou une **obligation** :

I shall send you the report as soon as possible.
Je vous enverrai le rapport dès que possible. [C'est ce qu'il convient de faire]

You shall obey me. *Tu m'obéiras.*

Comparez les deux phrases suivantes qui se traduisent toutes les deux par *elle ne le fera pas* :

She won't do it. C'est elle qui ne veut pas le faire.

She shan't do it. C'est moi qui ne veux pas qu'elle le fasse.

should (should not / shouldn't)

On emploie should...

● pour exprimer le **conseil** :

You should read more in English if you want to improve your level. *Tu devrais lire davantage si tu veux améliorer ton niveau d'anglais.*

You shouldn't eat so much between meals.
Tu ne devrais pas manger autant entre les repas.

I really should stop smoking.
Je devrais vraiment arrêter de fumer.

● pour exprimer une **probabilité** :

Albertine should give birth before the end of the month.
Albertine devrait logiquement accoucher avant la fin du mois.

> Il est également possible d'utiliser la tournure
> ought to pour exprimer le conseil.
> You ought to visit your mother more often.
> *Tu devrais rendre plus souvent visite à ta grand-mère.*

On emploie should + **infinitif passé**...

● pour exprimer un **reproche** ou un **regret** :

You should have asked my permission before borrowing my camera. *Tu aurais dû me demander avant d'emprunter mon appareil photo.*

On peut ici aussi utiliser ought to :

You ought to have stopped at that orange light.
Tu aurais dû t'arrêter à ce feu orange.

● pour exprimer une **probabilité** sur le **passé** :

They should have arrived by now.
Ils devraient être arrivés maintenant.

> **Ought to** et **should** sont souvent interchangeables mais **should** est plus fréquent que **ought to**. En outre, **ought to** désigne une obligation plus objective que **should**.

will ('ll/will not/won't), would ('d/would not/wouldn't)

On emploie le modal **will**...

● pour former des phrases au **futur** :

I will go to London on Monday.
J'irai à Londres lundi.

● pour former des phrases au **futur**, notamment lorsque la **décision est prise au moment où l'on parle** :

I'll pay for this!
C'est moi qui paie !

I'll have a pint of bitter please.
Je prendrai une pinte de bière s'il vous plaît.

● pour exprimer la **volonté** :

I will loose weight (even if it kills me)!
Je perdrai du poids (même si je dois en baver) !

● pour formuler une **demande polie** :

Will you open the door please?
Tu veux bien ouvrir la porte s'il te plaît ?

Le **prétérit modal** augmente encore cet effet de **politesse** :

Would you get out of my way please?
Tu voudrais bien te pousser s'il te plaît ?

● à la forme **négative won't** pour exprimer le **refus** :

I won't lend you my Ipod ever again!
Je refuse à tout jamais de te prêter mon iPod !

● pour exprimer une **caractéristique** :

She **will** always answer me back.
Il faut toujours qu'elle me réponde.

Cet emploi se transpose au passé avec le **prétérit** de will :

My grandfather **would** never talk about the war.
Mon grand-père ne parlait jamais (ne voulait jamais parler) de la guerre.

● pour exprimer une **certitude** :

You **won't** get into the nightclub with those jeans on.
Tu n'as aucune chance d'entrer dans la boîte avec ce jean.

● au prétérit would pour **former des phrases au conditionnel** :

– **conditionnel présent** = would + infinitive présent

I **would** learn the piano if I had more time.
J'apprendrais *le piano si j'avais davantage de temps.*

– **conditionnel passé** = would + infinitive passé

I **would** never **have succeeded** without your help.
Je **n'aurais** *jamais* **réussi** *sans ton aide.*

Cas particuliers : dare et need

Ces deux verbes peuvent avoir soit un statut de verbe lexical soit un statut de verbe auxiliaire.

● Dare (= oser) (dare not, daren't)

Le modal dare s'emploie au présent et au prétérit et en particulier à la forme négative.

verbe auxiliaire	verbe lexical
She daren't do it. *Elle n'ose pas le faire.*	She doesn't dare (to) do it. *Elle n'ose pas le faire.*
She dared not do it. *Elle n'a pas osé le faire.*	She didn't dare (to) do it. *Elle n'a pas osé le faire.*

Dare peut aussi très fréquemment s'employer de la façon suivante :

How dare you! *Comment oses-tu ?*

● Need (= *avoir besoin de*) (need not, needn't)

Le modal need s'emploie surtout à la forme négative mais aussi à la forme interrogative pour formuler le plus souvent des questions rhétoriques.

verbe auxiliaire	verbe lexical
You needn't do this till tomorrow. *Tu n'es pas obligé de faire cela avant demain.*	You don't need to do this till tomorrow. *Tu n'es pas obligé de faire cela avant demain.*
Need I tell you more? *Ai-je besoin de vous en dire davantage ?*	Do we need to come back tomorrow? *Devons-nous revenir demain ?*

Rappel : il ne faut pas confondre needn't et mustn't. Needn't signifie **l'absence d'obligation**, alors que mustn't désigne l'**interdiction** :
You needn't wait. *Tu n'es pas obligé d'attendre.*
You mustn't smoke in here! *Tu ne dois pas fumer ici !*
Pour exprimer **l'absence d'obligation**, on peut aussi utiliser don't have to :
You don't have to wait. *Tu n'es pas obligé d'attendre.*

II. LE GROUPE NOMINAL

LES NOMS

Le genre

En anglais, il n'existe pas de genre grammatical. Les noms ne sont donc ni masculins ni féminins mais neutres. Par exemple, a friend signifie à la fois *un ami* et *une amie*. De même, pour traduire *le* ou *la*, vous direz indifféremment the. Tous les noms du type table (*table*) ou knife (*couteau*) sont repris par le pronom personnel it. Il existe cependant un genre « naturel » (masculin, féminin, neutre) pour les noms qui désignent des personnes. Les **adjectifs** et **pronoms possessifs**, les **pronoms personnels** et **réfléchis** portent obligatoirement la marque de ce genre :

She's his sister. *C'est sa sœur (à lui).*

It's his fault, not hers!
C'est sa faute à lui, pas de la sienne (à elle) !

Certains noms, cependant, ont une forme féminine et une forme masculine :

waiter ⇨ waitress

actor ⇨ actress

policeman ⇨ policewoman

Le pluriel

● La marque du pluriel est généralement -s :

book ⇨ books ; bird ⇨ birds ; hat ⇨ hats ; bag ⇨ bags.

● Pour les noms se terminant par -s, -sh, -ch, -x ou par -o, la marque du pluriel est -es :

bus ⇨ buses ; brush ⇨ brushes ; church ⇨ churches ; box ⇨ boxes ; kiss ⇨ kisses ; tomato ⇨ tomatoes.

Quelques exceptions, **piano**, **photo**, prennent un -s.

● Pour les noms terminés en -y, la marque du pluriel est **-ies** : baby ⇨ babies ; cherry ⇨ cherries ; entry ⇨ entries ; **sauf** lorsque le -y est précédé d'une voyelle : boy ⇨ boys ; day ⇨ days.

● Pour les noms terminés en -f ou -fe, la marque du pluriel est **-ves** : wife ⇨ wives ; knife ⇨ knives ; leaf ⇨ leaves.

Quelques exceptions : belief, chief, cliff, proof, safe prennent un -s.

● Certains noms ont la même forme au singulier et au pluriel : sheep ; deer ; fish ; aircraft ; series ; species.

Voici quelques pluriels irréguliers
que vous devez retenir :

man ⇨ men	tooth ⇨ teeth
woman ⇨ women	penny ⇨ pence
child ⇨ children	mouse ⇨ mice
foot ⇨ feet	goose ⇨ geese

Attention ! La terminaison en -s n'est pas forcément la marque du pluriel. Certains noms en -s, par exemple des noms de jeux (billiards, dominoes), de maladies (measles, mumps) et de matières (physics, mathematics) sont des **indénombrables** toujours suivis d'un verbe au singulier. C'est aussi le cas de **news** ou encore de the United States :

The **news** is bad. *Les nouvelles sont mauvaises.*

The United States is a very big country.
Les États-Unis sont un très grand pays.

Les noms qui font référence à des groupes, comme **government, team, school, family**, peuvent être suivis d'un verbe singulier ou d'un verbe pluriel :

England is ou are winning 2-0. *L'Angleterre mène 2-0.*

On emploie le singulier lorsque l'on envisage le groupe dans son ensemble et le pluriel lorsque l'on envisage les différents éléments.

Certains noms, qu'ils se terminent ou non par -s, sont suivis d'un verbe au pluriel : **people, cattle, police, trousers, scissors, clothes, outskirts.**

Some people are never satisfied!
Il y a des gens qui ne sont jamais contents !

Noms dénombrables et indénombrables

● Les **dénombrables** sont des noms qui renvoient à des entités que l'on peut compter :
– ils ont un singulier et un pluriel : dollar, dollars ;
– ils peuvent être précédés de l'article indéfini a / an (au singulier), l'article défini the (singulier et pluriel), d'un quantificateur, de some (au pluriel), d'un adjectif possessif ou démonstratif.

I want a beer. *Je veux une bière.*

I want two beers. *Je veux deux bières.*

I made some sandwiches for lunch.
J'ai préparé des sandwichs pour le déjeuner.

● Les **indénombrables** renvoient à un objet, à de la matière, à un état, à une notion abstraite : water, furniture, money, weather, happiness, work, advice. L'élément désigné par un indénombrable est perçu comme un tout, une entité impossible à dénombrer. Il est par exemple impossible de dire un argent, deux argents. Les indénombrables s'utilisent toujours avec un verbe au singulier :
– ils n'ont pas de pluriel ;

– ils sont employés sans article ou précédés de **some**, d'un adjectif possessif ou démonstratif.

I want some food. *Je veux quelque chose à manger.*

Money is the biggest problem.

Le plus gros problème, c'est l'argent.

Quand un nom passe d'une catégorie à l'autre, il change généralement de sens :

dénombrables	
Our flat has three rooms.	*Nous avons un trois pièces.*
I'm covered in cat hairs.	*Je suis couvert de poils de chat.*

indénombrables	
Our flat has plenty of room.	*Notre appartement est très spacieux.*
She has lovely hair.	*Elle a de beaux cheveux.*

Attention ! De nombreux termes sont dénombrables en français mais indénombrables en anglais :

les meubles	the furniture
les renseignements	the information
tes bagages	your luggage
des conseils	advice
des fruits	fruit

Si vous voulez utiliser un de ces noms au singulier, par exemple **un** *conseil*, vous devrez utiliser **a piece of** : **a piece of advice**. Il en est de même pour **information**, **furniture** ou **luggage**. **A piece of** est l'expression la plus souvent utilisée mais vous trouverez aussi parfois d'autres termes : **a loaf of bread** (*un pain* et non pas « un morceau de pain »), **an item of footwear**, etc.

Les déterminants du nom

Un nom est toujours précédé d'un déterminant. Ces déterminants sont de deux types : définis et indéfinis.

● **Les déterminants indéfinis** sont : l'article indéfini a/an, **l'article zéro** (ou absence d'article), les déterminants indéfinis tels que some, any, a few etc. et les numéraux (one, two).

On les emploie pour indiquer que l'élément auquel le nom fait référence constitue une nouvelle entité qui n'est pas forcément connue de notre interlocuteur. On évoque un élément pris dans une classe d'éléments, mais dont l'identité exacte reste indéfinie :

I met a girl on the tube. *J'ai rencontré une fille dans le métro.*

Le nom girl est introduit comme un nouvel élément.

● **Les déterminants définis** sont : l'article défini the, les démonstratifs this et that, les possessifs (my, your, etc.) et le génitif. L'élément auquel le nom se réfère est censé être connu par notre interlocuteur :

Do you remember the girl on the tube?
Tu te souviens de la fille du métro ?

LES ARTICLES

L'article indéfini

L'article indéfini s'utilise devant des noms dénombrables au singulier. Il se traduit par **un** ou **une**. Il s'écrit :

a
– devant une consonne : a branch ; a day ; a new boat
– et une semi-consonne (u, y, w) : a university ; a year, a one-way ticket

an

– devant une voyelle : an owl ; an egg ; an old boat

– devant un « h » muet : an honour ; an honest girl ; an hour

L'article indéfini a/an

● s'emploie pour mentionner un élément pour la première fois :

I saw a good film yesterday. *J'ai vu un bon film hier.*

● précède obligatoirement un nom de métier :

My sister is a musician. *Ma sœur est musicienne.*

● s'emploie dans les indications de mesure avec un sens distributif :

90 km an hour *90 km à l'heure*

four times a day *quatre fois par jour*

> L'article indéfini français **des** ne se traduit géné-ralement pas :
> a little house ⇨ little houses

L'article défini

L'article défini the s'utilise devant des noms au singulier ou au pluriel. Il peut se traduire par **le, la** ou **les**.

the book ; the boy ; the truth ; the girls ; the bicycles.

L'article défini the s'emploie :

● pour parler d'éléments déjà mentionnés ou supposés connus. Il fait donc référence à une entité spécifique :

Have you seen the keys, Anthony?
As-tu vu les clés, Anthony ?

● pour parler d'éléments définis par le contexte :

The film I saw yesterday is absolutely brilliant.
Le film que j'ai vu hier est absolument fantastique.

● pour désigner les entités que l'on veut présenter comme uniques :

the Queen ; the moon ; the President.

On emploie **the** devant un adjectif substantivé ayant un sens générique. Ce procédé est très courant avec les adjectifs de nationalité ; dans ce cas, il désigne une nation entière. L'adjectif substantivé reste invariable et il est suivi d'un verbe au pluriel :

the old and the poor *les personnes âgées et les pauvres*
Do the French drink more beer than the Irish?
Est-ce que les Français boivent plus de bière que les Irlandais ?

Pour parler d'un membre de ce groupe, on doit adjoindre un nom à l'adjectif :

the blind ⇨ a blind man *les aveugles ⇨ un aveugle* ;
the Irish ⇨ an Irish woman *les Irlandais ⇨ une Irlandaise.*

L'article zéro (absence d'article) = Ø

On n'utilise pas d'article :

● devant des noms **indénombrables** (time, money, sugar,...) ou **dénombrables pluriels** (people, boys, cars,...) lorsqu'ils expriment des généralités :

I love chocolate. *J'adore le chocolat.*
Books don't interest me. *Les livres ne m'intéressent pas.*

● devant les noms de pays, sauf s'ils sont formés à partir d'un nom commun :

France, England, mais the British Isles, the United States.

● les titres suivis d'un nom propre :

Doctor Allen *le docteur Allen*

King Louis XIV *le roi Louis XIV*

President Kennedy *le président Kennedy*

● devant des noms indiquant :

– le lieu :

to be in bed *être au lit* ; **to travel to work** *aller au travail* ; **to go to church** *aller à l'église* ; **to go into hospital** *aller à l'hôpital* ; **to walk to school** *aller à l'école à pied* ; **to get home** *rentrer chez soi* ; **from left to right** *de gauche à droite* ;

– les repas :

to have breakfast *prendre le petit déjeuner* ; **to meet for lunch** *se retrouver pour déjeuner* ; **to invite some friends to dinner** *inviter des amis à dîner* ;

– les moyens de transports :

to come by car *venir en voiture* ; **to go by bus/train** *prendre le bus/le train* ; **to arrive on foot** *arriver à pied* ;

– le temps :

in spring *au printemps* ; **at night** *la nuit* ; **next year** *l'année prochaine*, **mais** in the evening *le soir*.

Attention ! Notez cependant que si le contexte détermine les éléments de façon **spécifique** (et non générique) on emploie l'article défini the :

They go to church every Sunday.

We live next to the church.

LES QUANTIFICATEURS

Les quantificateurs sont des déterminants qui expriment des quantités.

Ces quantités peuvent être :
– indéterminées (some et any) ;
– grandes ou petites (much, many, most (of), a lot of, lots of, (a) little, (a) few) ;
– ou nulles (none, not any) ;
– exprimées en termes précis (les nombres), en termes d'unité (one, one of), de dualité (either, neither, both) ou encore de totalité (each, every, all).

Certains quantificateurs traités ici ne sont pas des déterminants mais des pronoms : ils seront signalés au passage.

Some et any

Some et any s'emploient comme déterminants devant un nom pluriel dénombrable ou un indénombrable. Il s'agit de quantificateurs qui désignent une quantité indéterminée.

● On emploie some dans les **phrases affirmatives** pour exprimer une certaine quantité :
There are some books on the table.
Il y a des livres sur la table.
There's some coffee in the kitchen.
Il y a du café dans la cuisine.

Some peut aussi signifier *certains* :
Some people never change.
Il y a des gens qui ne changent jamais.

Enfin, dans les phrases exclamatives, some peut avoir un sens non pas quantitatif mais qualitatif :
That was some party! *Ça, c'était une fête !*

On peut aussi employer some dans les **phrases interrogatives** et **conditionnelles** si la réponse attendue est affirmative. Dans ce cas, on sous-entend l'existence d'une certaine quantité :

Would you like some cake, Hugo? *Tu veux du gâteau, Hugo ?*

● On emploie **any** dans les **phrases négatives** et **interrogatives** lorsque l'on nie ou que l'on ignore l'existence d'une certaine quantité :

There isn't any beer left. *Il n'y a plus de bière.*

Are there any good films on television tonight?
Y a-t-il de bons films à la télévision ce soir ?

I don't want any sugar. *Je ne veux pas de sucre.*

Any peut aussi avoir le sens de *n'importe lequel*. Il s'emploie alors également à l'affirmatif :

Any good bookshop sells this book.
N'importe quelle bonne librairie vend ce livre.

Some et **any** s'emploient également comme pronoms indéfinis.

I haven't got any money. Could you lend me some?
Je n'ai pas d'argent. Pourrais-tu m'en prêter ?

Ils peuvent dans cet emploi se combiner avec –body, –one, –thing et –where pour former des pronoms indéfinis composés :

Something strange happened yesterday.
Quelque chose d'étrange est arrivé hier.

Somebody called last night.
Quelqu'un a téléphoné hier soir.

She lives somewhere in Milton Keynes.
Elle habite quelque part dans Milton Keynes.

No

No est une forme plus emphatique de **not any**. Comparez les deux phrases suivantes :

He won't have any chance of passing the agrégation.
Il n'aura aucune chance de réussir l'agrégation.

He will have no chance of passing the agrégation.
Il n'aura absolument aucune chance de réussir l'agrégation.

La négation avec **no** est plus catégorique parce qu'elle se porte directement sur le nom en question.

None

None est un pronom. Il s'agit de la contraction de **no one** ou de **not any**. En tant que pronom, il reprend les noms pluriels ou singuliers :

None of your books is interesting.
Aucun de tes livres n'est intéressant.

Baked beans? Sorry, we've got none left.
Des haricots blancs ? Désolé, on n'en a plus.

Either, neither et both

On emploie ces déterminants lorsqu'on parle de deux éléments. Ils peuvent être adjectifs ou pronoms. Ils peuvent tous être utilisés sans article devant un nom au singulier (**either car**) ou suivis de **of + the** devant des noms au pluriel (**either of the cars**). **Either** et **neither** sont suivis d'un verbe au singulier, **both** d'un verbe au pluriel.

● **Either** signifie **l'un ou l'autre** de deux éléments qui forment un ensemble :

Either pub will do fine. *L'un ou l'autre des deux pubs fera l'affaire.*

Au négatif **either** devient **neither** (**not either**) :

Neither restaurant serves haggis. *Aucun des deux restaurants ne sert de la panse de brebis farcie.*

● **Both** signifie **(tous) les deux** et indique une équivalence entre les deux éléments :

Both Liverpool teams have passionate supporters.
Les deux équipes de Liverpool ont des supporters aussi passionnés.

Either, neither et both s'utilisent aussi devant des adjectifs et des verbes :

Either red or green would be nice.
Le rouge ou le vert conviendrait.

Either shut up or leave. *Tais-toi ou pars.*

He neither smokes nor drinks. *Il ne fume pas et ne boit pas.*

She both lives and works in Granchester.
Elle vit et travaille à Granchester.

Each, every et all

Ces déterminants désignent la totalité.

● All se distingue quelque peu des deux autres formes. All désigne la totalité en considérant les éléments qui forment celle-ci comme un tout. Il est suivi d'un verbe au pluriel :

All cats like milk. *Tous les chats aiment le lait.*

On emploie l'article the lorsque l'on mentionne un groupe restreint :

All (of) the French ships were sunk.
Tous les navires français furent coulés.

● Each et every considèrent chaque élément de l'ensemble à titre individuel. Ils sont suivis d'un verbe au singulier.

Each souligne davantage l'individualité que every, et se traduit par *chaque*. Every s'intéresse aux éléments comme faisant partie d'un tout, et se traduit souvent par *tous/toutes* :

Each pupil (each of the pupils) was given a new Latin dictionary. *On distribua un nouveau dictionnaire de latin à chaque élève (à chacun des élèves).*

67

You must read every book on the programme Nigel, even if none of them interests you.
Tu dois lire tous les livres du programme, Nigel, même si aucun ne t'intéresse.

Lorsque **every** est suivi de **other**, il exprime la fréquence :
She goes to London every other month.
Elle va à Londres un mois sur deux.

> Dans les expressions de temps, **all** exprime la **durée** tandis que **every** exprime la **fréquence**.
> I worked all day. *J'ai travaillé **toute la journée**.*
> I work every day. *Je travaille **tous les jours**.*

Much, many et a lot of

Ces déterminants indiquent tous une **grande quantité**.

Much et many s'utilisent principalement dans des phrases à la forme négative et interrogative.

● Much s'emploie avec des noms indénombrables :
I haven't got much time today.
Je n'ai pas beaucoup de temps aujourd'hui.
Have you got much money on you?
As-tu beaucoup d'argent sur toi ?

● Many s'emploie avec des noms dénombrables au pluriel :
I didn't see many people I knew at the party.
Je n'ai pas vu beaucoup de gens que je connaissais à la fête.
Have you seen many Alfred Hitchcock movies?
As-tu vu beaucoup de films d'Alfred Hitchcock ?

A lot of, ou lots of, s'emploie aussi bien avec les indénombrables qu'avec les dénombrables. On l'utilise surtout à l'oral et quelle que soit la forme de la phrase : affirmative, négative ou interrogative.

He spent a lot of time learning Greek.
Il a passé beaucoup de temps à apprendre le grec.

Lots of my friends don't live here.
Un grand nombre de mes amis n'habitent pas ici.

Did you earn a lot of money?
Est-ce que tu as gagné beaucoup d'argent ?

Much et many s'associent également à how, too, as et so :

How many cats have you got? **Combien de** chats as-tu ?

How much beer have we got left?
Combien de bière il nous reste ?

I've got **as many** friends **as** you! *J'ai **autant d'**amis **que** toi !*

So many things to say, so little time to say it in.
Tant de choses *à dire, si peu de temps pour le dire.*

A few et a little

Ces deux déterminants indiquent une **petite quantité** :
quelques, un peu.

● A few s'emploie avec les noms dénombrables au pluriel :
There are a few people waiting for you.
Il y a quelques personnes qui t'attendent.

● A little avec des noms indénombrables au singulier :
Could I have a little sugar with that?
Pourrais-je prendre un peu de sucre avec ça ?

Few et little

Ces déterminants ont une orientation et une connotation
négatives. Ils ont le sens de *pas assez de* et se traduisent
par *peu de* :
Few pupils read the instructions properly.
Peu d'élèves ont bien lu les consignes.

69

Little money was spent on this project.
Peu d'argent fut consacré à ce projet.

Voici un tableau récapitulatif :

	petite quantité (*un peu de, quelques*)	quantité insuffisante (*peu de*)
dénombrables	a few friends **quelques** *amis*	few friends **peu d'***amis*
indénombrables	a little patience **un peu de** *patience*	little patience **peu de** *patience*

THIS ET THAT

This et that sont des déterminants « démonstratifs » : this book. Ils peuvent également être pronoms : I don't like that.

● This ainsi que sa forme au pluriel these désignent quelque chose qui est **proche** de l'énonciateur, souvent dans l'espace, mais aussi dans le temps et même dans l'esprit :

Wow! This wine is amazing.
Ça alors ! Ce vin est extraordinaire.

This week I'm working in Cergy Pontoise.
Cette semaine je travaille à Cergy Pontoise.

● That ainsi que sa forme au pluriel those désignent au contraire quelque chose qui est plus éloigné de l'énonciateur, souvent dans l'espace, mais aussi dans le temps et même dans l'esprit :

Can you see that girl over there? *Tu vois cette fille là-bas ?*

Comme pronoms, ces démonstratifs s'accompagnent souvent d'un geste pour montrer ce dont on parle. On

« démontre » physiquement et linguistiquement. On s'en sert avant tout pour faire référence à des objets ou des notions :

I'll have this and that please.
Je prends celui-ci et celle-là s'il vous plaît.

Voici un tableau récapitulatif :

	here/now	there/then
singulier	this	that
pluriel	these	those

LE GÉNITIF

Le génitif se forme de la façon suivante :

● **nom au singulier +** 's

the cat's food *la pâtée du chat*

my wife's car *la voiture de ma femme*

James's sister *la sœur de James*

the boss's desk *le bureau du patron*

● **nom au pluriel terminés par** -s + '

boys' clothes *les vêtements pour garçons*

the countries' leaders *les dirigeants des pays*

● **nom au pluriel qui ne sont pas terminés par** -s + 's

children's clothes *les vêtements pour enfants*

Ne confondez pas :

my sister's friend (= the friend of my sister)
l'amie de ma sœur

my sisters' friend (= the friend of my sisters)
l'amie de mes sœurs

Vous remarquerez que l'ordre des mots n'est pas le même en français et en anglais. En anglais, on commence par le « possesseur » puis on ajoute 's ou ' et on termine par la « chose possédée » :

Jane's car *la voiture* **de Jane**

Vous remarquerez par ailleurs qu'il n'y a pas d'article devant les noms propres dans cette construction en anglais.

On peut omettre le deuxième nom lorsque le contexte est clair :

Is it your pen? No, it's Kerry's.
Est-ce que c'est ton stylo ? Non, c'est celui de Kerry.

Notamment lorsqu'il s'agit d'un **lieu** : le terme sous-entendu est généralement **shop** ou **house** :

We bought some sausages at the butcher's.
(= **butcher's shop**)
Nous avons acheté des saucisses chez le boucher.

I heard the news at Steve's. (= **Steve's house**)
J'ai appris la nouvelle chez Steve.

Le génitif indique

● souvent une relation de **possession** :

Mary's suitcase *la valise* **de Mary**

● mais aussi dans de nombreux cas une **simple relation entre les deux noms**, le premier fonctionnant comme « repère » du deuxième :

London's underground *le métro de Londres*
today's paper *le journal d'aujourd'hui*
Kennedy's assassination *l'assassinat de Kennedy*

● parfois non pas un objet spécifique, mais un type d'objet ; on parle alors de « génitif générique » :

a girls' school *une école pour filles*

LES ADJECTIFS POSSESSIFS

	singulier		pluriel	
1re personne	my	*mon, ma, mes*	our	*notre, nos*
2e personne	your	*ton, ta, tes, votre, vos (de politesse)*	your	*votre, vos*
3e personne - masculin - féminin - indéfini - neutre	his her one's its	*son, sa, ses* *son, sa, ses* *son, sa, ses* *son, sa, ses*	their	*leur, leurs*

Il marque une relation d'appartenance, de possession ou de lien. Il se place devant le nom qui représente « l'élément possédé ».

Attention ! Contrairement au français, le choix de l'adjectif possessif ne dépend pas du nom qui suit : **sa maison, son appartement**, mais du « possesseur » :
She's my best friend. **Her** father is a doctor.
C'est ma meilleure amie. **Son** *père est médecin.*
He's my best friend. **His** father is a musician.
C'est mon meilleur ami. **Son** *père est médecin.*

Lorsque vous parlez d'un animal domestique, vous pouvez utiliser les adjectifs possessifs his ou her.
My cat likes to be pet behind his ears.
Mon chat aime bien être caressé derrière les oreilles.

À la différence du français, on utilise l'adjectif possessif et non pas l'article défini pour désigner les parties du corps :

73

II. LE GROUPE NOMINAL

I wash my hair every day.
*Je me lave **les** cheveux tous les jours.*

She broke her leg skiing. *Elle s'est cassé **la** jambe au ski.*

LES PRONOMS

Les pronoms personnels

Le pronom personnel remplace les noms et les groupes nominaux. Il peut être sujet ou complément d'objet (direct ou indirect).

	sujet		complément	
	singulier			
1re personne	**I**	*je*	**me**	*moi, me*
2e personne	**you**	*tu, vous (de politesse)*	**you**	*toi, te, vous (de politesse)*
3e personne – masculin – féminin – indéfini – neutre	**he** **she** **one** **it**	*il* *elle* *on* *il, elle*	**him** **her** **one** **it**	*lui, le* *lui, la* *un* *lui, le, la*
	pluriel			
1re personne	**we**	*nous*	**us**	*nous*
2e personne	**you**	*vous*	**you**	*vous*
3e personne	**they**	*ils, elles*	**them**	*eux, leur, les*

● On emploie le **pronom sujet** quand il est sujet du verbe :
Last night I saw someone I hadn't seen for years.
Hier soir, j'ai rencontré quelqu'un que je n'avais pas vu depuis des années.

74

● On emploie le **pronom complément** :

– quand il est complément du verbe (il n'y a pas de différence entre le complément d'objet direct, indirect et d'attribution) :

Does Alistair know them well?
Est-ce que Alistair les connaît bien ?

I gave her my scarf. *Je lui ai donné mon écharpe.*

– après les prépositions :

Ben Hamish will be staying with us.
Ben Hamish va habiter chez nous.

● On emploie les pronoms **he/him** et **she/her**

– pour désigner des personnes respectivement du sexe masculin et du sexe féminin :

There's my brother. He's a postman.
Voici mon frère. Il est facteur.

There's my sister. She's a bus driver.
Voici ma sœur. Elle est conductrice d'autobus.

– pour parler d'un animal domestique :

Our dog, Jewel, is fantastic. He can run very fast.
Notre chien, Jewel, est fantastique. Il court très vite.

– pour désigner un bateau ou une voiture :

She's a beautiful ship. *C'est un bateau merveilleux.*

● On emploie **it**, le pronom personnel neutre, pour désigner les objets, les choses, les notions et les animaux non domestiques :

There's my car. It's a Austin Healy Sprite.
Voici ma voiture. C'est une Austin Healy Sprite.

Don't go near that giraffe. It might attack you.
Ne t'approche pas de cette girafe. Elle pourrait t'attaquer.

II. LE GROUPE NOMINAL

Certains noms peuvent désigner indifféremment l'un ou l'autre sexe : **doctor** ; **friend** ; **shop assistant** ; **lemming**.

Le choix du pronom dépend alors du sexe de la personne ou de l'animal :

There's my boss. Do you know him/her?
Voici mon/ma responsable. Vous le/la connaissez ?

● En anglais, on ne fait pas de différence entre *tu* et *vous*, que ce soit la deuxième personne du pluriel ou la forme de vouvoiement. On utilise indifféremment **you**.

● **They, them**, etc. sont souvent utilisés

– avec un sens indéterminé en anglais courant pour renvoyer à une seule personne si son sexe est inconnu ou s'il n'est pas essentiel de le connaître :

If you find a good piano teacher, give me their details.
Si tu trouves un bon professeur de piano, donne-moi ses coordonnées.

– pour reprendre des noms au singulier qui font référence à des groupes de personnes, comme, par exemple, les noms d'équipes sportives ou de sociétés commerciales qui sont souvent considérés comme des **pluriels** :

The union say that they will go on strike.
Le syndicat dit qu'il va se mettre en grève.

Si vous voulez lire Shakespeare dans le texte :

La forme **thou** ne s'emploie plus, c'est l'équivalent de l'actuel pronom personnel sujet **you**.

O Hamlet, thou hast cleft my heart in twain.
Ô Hamlet, tu me brises le cœur.

Les formes anciennes de l'adjectif possessif et du pronom personnel complément sont respectivement **thy** et **thee**.

Les pronoms possessifs

On emploie les pronoms possessifs pour exprimer l'appartenance.

		singulier		pluriel
1re pers.	**mine**	*le mien,* *la mienne,* *les miens,* *les miennes*	**ours**	*le nôtre, la nôtre,* *les nôtres*
2e pers.	**yours**	*le tien, la tienne,* *les tiens,* *les tiennes*	**yours**	*le vôtre, la vôtre* *les vôtres*
3e pers. – masc.	**his**	*le sien, la sienne,* *les siens,* *les siennes*	**theirs**	*le leur, la leur* *les leurs*
– fém.	**hers**	*le sien, la sienne,* *les siens,* *les siennes*		

En anglais, l'accord du pronom possessif se fait avec le genre du possesseur :

This isn't your book, it's hers.
Ce n'est pas ton livre, c'est le sien/son livre **à elle**.

 It et one n'ont pas de pronom possessif. Si nécessaire, on peut employer **its own, one's own**.

On emploie le pronom possessif pour remplacer le groupe « adjectif possessif + groupe nominal », **your suitcase**, lorsque le nom a déjà été mentionné ou qu'il est inutile de le répéter :

77

II. LE GROUPE NOMINAL

Whose is this suitcase? Is it yours or mine? - I think it's your brother's. *À qui est cette valise ? Est-ce la tienne ou la mienne ? - Je crois que c'est celle de ton frère.*

Les pronoms indéfinis

	body	one
any	**anybody** *quelqu'un, personne, n'importe qui*	**anyone** *quelqu'un, personne, n'importe qui*
some	**somebody** *quelqu'un*	**someone** *quelqu'un*
every	**everybody** *tout le monde*	**everyone** *tout le monde*
no	**nobody** *personne*	**no one** *personne*

	thing	where
any	**anything** *n'importe quoi, rien*	**anywhere** *n'importe où, partout, nulle part*
some	**something** *quelque chose*	**somewhere** *quelque part*
every	**everything** *tout*	**everywhere** *partout*
no	**nothing** *rien*	**nowhere** *nulle part*

Vous pouvez vous reporter à **some**, **any** et **no** pour relire les conditions d'utilisation.

Something strange happened yesterday.
Quelque chose d'étrange est arrivé hier.

Nobody writes to the Colonel. *Personne n'écrit au colonel.*

Has anyone lost their phone at all?
Quelqu'un a-t-il perdu son portable ?

Les pronoms composés de **–body** et **–one** sont repris par les pronoms pluriels **they**, **them** et **their**. Ils sont néanmoins suivis d'un verbe conjugué au singulier.

Everybody has their own opinion. *Chacun a sa propre opinion.*

78

Ne confondez pas **nobody** et **not everybody**.
Nobody came. *Personne n'est venu.*
Not everybody came. *Ils ne sont pas tous venus.*

Les pronoms réfléchis

On forme les pronoms réfléchis en ajoutant le suffixe **–self** (singulier) ou **–selves** (pluriel) à la forme complément d'objet des pronoms. On s'en sert pour indiquer que le sujet et le complément du verbe sont identiques :
He shot himself in the foot. *Il s'est tiré une balle dans le pied.*
Ces formes ont aussi un emploi emphatique :
Do it yourself for once! *Fais-le toi-même pour une fois !*

Les pronoms réciproques

On emploie les formes pronominales **each other** ou plus rarement **one another** pour désigner des actions réciproques :
Come on! Say sorry to each other.
Allez ! Excusez-vous (mutuellement).
They love each other dearly. *Ils s'aiment tendrement.*

Comment traduire **se** ?
Attention ! **Se** ne se traduit pas forcément par un pronom réfléchi.
*Elle **se lève** tous les matins à sept heures.*
She gets up at seven every morning.
[verbe sans pronom réfléchi]
*Elles **se regardent** dans le miroir.*
They are looking at themselves in the mirror.
[verbe avec pronom réfléchi]
*Elles **se détestent**.* They hate each other.
[verbe avec pronom réciproque]

LES ADJECTIFS

En anglais, les adjectifs sont **invariables**.

a young woman ⇨ young women

a young man ⇨ young men

● **L'adjectif épithète** se place toujours **devant** le nom qu'il qualifie :

green peppers *des poivrons verts*

my dirty old jeans *mon vieux jean tout sale*

a beautiful red Italian sports car
une belle voiture de sport italienne rouge

Il existe cependant quelques **exceptions** :

– dans des expressions toutes faites, souvent traduites du français :

a court martial, Prince Charming, the Poet Laureate...

– lorsque les adjectifs sont accompagnés d'un complément :

a full glass ⇨ **a glass full of wine**

– lorsqu'une proposition relative est sous-entendue :

He was a man (who was) always happy to help others.
C'est un homme qui était toujours heureux d'aider les autres.

S'il y a plusieurs adjectifs épithètes, **l'ordre** est généralement le suivant :

① jugement personnel	② caractéristiques physiques	③ âge
beautiful	large	old

④ couleur	⑤ origine	⑥ matière
black	Japanese	silk

a beautiful large old black Japanese kimono
un merveilleux vieux et grand kimono noir japonais en soie
a large black London taxi *un grand taxi noir londonien*
a small metal toy *un petit jouet en métal*

Un adjectif qui exprime un jugement personnel se place en premier.

a beautiful black silk dress *une belle robe noire en soie*

● **L'adjectif attribut** se place après les **verbes d'état** (be, seem, etc.) :

Your hands are dirty. *Tu as les mains sales.*

That doesn't seem right to me.
Je crois qu'il y a quelque chose qui ne va pas.

Certains adjectifs sont toujours attributs (alive, asleep, afraid, alone, awake, ill, well, cross, glad, ...).

The fish were still alive. *Les poissons étaient toujours vivants.*

The children, who were afraid, started to cry.
Les enfants, qui avaient peur, se sont mis à pleurer.

Voici les équivalents épithètes des adjectifs uniquement attributs ci-dessus :

adjectifs uniquement attributs	alive	asleep	afraid	alone
équivalents épithètes	living	sleeping	frightened	lone

adjectifs uniquement attributs	ill	well	cross	glad
équivalents épithètes	sick	healthy	angry	happy

He is still alive. *Il est encore vivant.*

II. LE GROUPE NOMINAL

There was no living creature to be seen.
Il n'y avait aucun être vivant.

Les adjectifs de nationalité, tous comme les noms, prennent toujours une majuscule.

He is German. He likes Japanese movies. I'm studying Russian.

> **intéressé** ou **intéressant** ?
> On peut former des adjectifs à partir de verbes en ajoutant les suffixes -ed (valeur passive) et -ing (valeur active) : Tristam Shandy is very interesting, but I can't finish it. *Tristam Shandy est très* **intéressant** *mais je n'arrive pas à le terminer.*
> The boys were not interested in learning their irregular Greek verbs. *Les garçons n'étaient pas* **intéressés** *par l'apprentissage de leurs verbes grecs irréguliers.*

LE COMPARATIF ET LE SUPERLATIF DE L'ADJECTIF

Formation

Le comparatif et le superlatif de supériorité de l'adjectif se forment de la façon suivante :

	comparatif de supériorité *(plus … que)*	superlatif de supériorité *(le plus … de)*
adjectifs courts	**adj** + er (+ than) colder (than)	the + **adj** + est (+ of ou in) the coldest
adjectifs longs	more + **adj** (+ than) more interesting (than)	the most + **adj** (+ of ou in) the most interesting

82

GRAMMAIRE

Le comparatif et le superlatif d'infériorité de l'adjectif se forment de la façon suivante :

	comparatif d'infériorité (moins ... que)	superlatif d'infériorité (le moins ... de)
adjectifs courts et longs	**less + adj (+ than)** less cold (than) less interesting (than)	**the + least + adj** the least cold the least interesting

Le comparatif d'égalité de l'adjectif se forme de la façon suivante :

	comparatif d'égalité (aussi ... que)
adjectifs courts et longs	**as + adj (+ as)** as cold (as) as interesting (as)

Cette construction est cependant beaucoup plus fréquente à la forme négative. Ce comparatif **d'inégalité** équivaut dans ce cas à un comparatif de supériorité ou d'infériorité :

German is not as easy as English. *L'allemand n'est pas aussi facile que l'anglais.* (plus difficile que)

Vous devez maintenant savoir distinguer les adjectifs courts des adjectifs longs. **Les adjectifs courts** comprennent :

● les adjectifs d'une seule syllabe :
fast ⇨ faster ⇨ fastest

● les adjectifs de deux syllabes qui se terminent en -y, -er, -ow ou -le : dirty ⇨ dirtier ⇨ dirtiest ; hollow ⇨ hollower ⇨ hollowest

● ces mêmes adjectifs lorsqu'ils sont précédés du préfixe un- : unhappy ⇨ unhappier ⇨ unhappiest

83

Les adjectifs longs comprennent :

● les adjectifs de trois syllabes et plus :

beautiful ⇨ more beautiful ⇨ most beautiful

● les adjectifs de deux syllabes qui se terminent en -ful, -less, -al, -ant, -ent, -ic, -ive, -ous, ou qui commencent par a- : graceful ⇨ more graceful ⇨ most graceful

● les adjectifs formés à partir de participes présents ou passés : boring ⇨ more boring ⇨ most boring
spoilt ⇨ more spoilt ⇨ most spoilt

Attention ! Beaucoup d'adjectifs de deux syllabes peuvent former leur comparatif/superlatif des deux façons :

common ⇨ commoner ⇨ commonest
⇨ more common ⇨ most common

Dans le doute, préférez **more** et **most**.

Attention aux changements orthographiques :

● après une voyelle courte, la consonne finale est doublée :
big ⇨ bigger ⇨ biggest

● le -y final devient -i devant -er et -est :
silly ⇨ sillier ⇨ silliest

● on ajoute seulement -r ou -st aux adjectifs se terminant en -e : rude ⇨ ruder ⇨ rudest

Emplois

● On utilise le **comparatif** pour comparer deux éléments entre eux :

He's much older than you.
Il est beaucoup plus âgé que toi.

London is bigger than Paris.
Londres est plus étendue que Paris.

The film was less interesting than I'd expected.
Le film était moins intéressant que je ne pensais.
He is less happy about his job than (he was) last year.
Son travail lui plaît moins que l'année dernière.
My uncle is as handsome as Jude Law.
Mon oncle est aussi beau que Jude Law.

● On emploie le **superlatif** pour comparer un élément à un ensemble d'éléments.
She is the brightest pupil in the class.
C'est l'élève la plus brillante de la classe.
It's the most interesting book I've read this year.
C'est le livre le plus intéressant que j'aie lu cette année.
Léa is my best friend. *Léa est ma meilleure amie.*
This is the least interesting part of the book.
C'est la partie la moins intéressante du livre.

> Attention ! Devant les noms de lieux,
> on n'emploie pas of mais in.
> *C'est le meilleur restaurant de Paris.*
> It's the best restaurant in Paris.

Même si on utilise une forme de superlatif en français, lorsque la relation de supériorité concerne seulement deux choses ou deux personnes, le superlatif se construit avec the, suivi de l'adjectif au **comparatif de supériorité** et de of :
This is the likelier of the two possibilities.
C'est la plus probable des deux possibilités.
He is the nicer of the two. *C'est le plus gentil des deux.*
Les adjectifs suivants ont un comparatif et un superlatif **irréguliers** :

II. LE GROUPE NOMINAL

adjectif	comparatif	superlatif
bad	worse	the worst
far	farther/further	the farthest/furthest
good	better	the best
little	less	the least
much/many	more	the most
old	older/elder	the oldest/eldest

III. LA PHRASE

PHRASES AFFIRMATIVES

Nous vous renvoyons aux chapitres consacrés au groupe verbal, ainsi qu'aux chapitres ci-après consacrés aux constructions à plusieurs verbes.

PHRASES NÉGATIVES

En anglais, un auxiliaire est nécessaire pour former une phrase à la forme négative, ce qui n'est pas le cas en français. Il existe deux cas de figure :

● La phrase **comporte un auxiliaire**. Il suffit alors d'ajouter la négation **not**.

She can dance very well. *Elle sait très bien danser.*

She **cannot** ou **can't** dance very well.
*Elle **ne sait pas** très bien danser.*

She will help you. *Elle t'aidera.*

She will **not** ou **won't** help you. *Elle **ne t'aidera pas**.*

● La phrase **ne comporte pas d'auxiliaire**. Vous devez utiliser l'auxiliaire **do** (do, does, did).

They get on very well. *Ils **s'entendent** très bien.*

They **don't** get on at all. *Ils **ne s'entendent pas** du tout.*

You forgot the cheese. *Tu **as oublié** le fromage.*

You **didn't** forget the cheese. *Tu **n'as pas oublié** le fromage.*

Vous avez certainement remarqué dans l'exemple ci-dessus que **forgot** s'était transformé en **didn't forget**. C'est en effet l'auxiliaire et non pas le verbe qui prend la marque du temps et de la personne.

● **Cas particulier : have**

Have a en effet un double statut :

87

– un statut **d'auxiliaire**, dans la construction de certains temps (**present perfect, pluperfect** avec sa forme au prétérit **had**) :

He hasn't finished yet. *Il n'a pas encore fini.*

– un statut de **verbe** à part entière :

I don't have a lot of time. *Je n'ai pas beaucoup de temps.*

Vous pouvez aussi choisir d'utiliser **have got**. Dans ce cas **have** a un statut **d'auxiliaire** :

I haven't got a lot of time. *Je n'ai pas beaucoup de temps.*

Attention ! Des mots de sens négatif tels que **never, nobody** et **nothing** se construisent, contrairement au français, avec une structure affirmative. Il n'y a pas de double négation en anglais standard :

Nothing happens round here. *Il ne se passe rien par ici.*

Nobody was really sure if he was from the House of Lords. *Personne ne savait s'il était membre de la Chambre des lords.*

Si vous voulez utiliser **personne** et **jamais** dans une même phrase, vous observerez la transformation de **never** en **ever**.

Nothing ever happens round here.
Il ne se passe jamais rien par ici.

PHRASES INTERROGATIVES

Dans les phrases interrogatives le sujet et l'auxiliaire s'inversent :

She can sing very well. *Elle sait très bien chanter.*
Can she sing very well? *Sait-elle très bien chanter ?*

Seuls ces éléments permutent, même si le sujet peut être constitué d'un groupe nominal assez conséquent :

The man I saw yesterday at the party is a policeman.
L'homme que j'ai vu hier à la fête est policier.

Is the man I saw yesterday at the part a policeman?
Est-ce que l'homme que j'ai vu hier à la fête est policier ?

Il existe deux types de phrases interrogatives :

● les « questions fermées » ou n'ayant que **yes** ou **no** comme réponse possible :

Do you like caviar? *Aimes-tu le caviar ?*
Yes, I do. *Oui.*

● les « questions ouvertes », qui sont introduites par des mots interrogatifs dont la plupart commencent par **wh-** : **who, whose, what, which, when, where, why** et **how** (+ adjectif) :

What is your favourite wine? *Quel est ton vin préféré ?*
Saint-Emilion! *C'est le saint-émilion !*

> L'ordre des mots dans une question est :
>
> | (wh-) | auxiliaire | sujet | verbe |
> |-------|-----------|-------|-------|
> | What | do | you | like? |
>
> **What did you say?**
> *Qu'as-tu dit ?*
> **Who did we ask to look after the kids?**
> *À qui a-t-on demandé de s'occuper des enfants ?*

Cependant, lorsque **who** et **what** sont sujets (et non pas compléments) de la phrase, l'auxiliaire **do** ne s'emploie pas :

What happened to your hair?
Qu'est-il arrivé à tes cheveux ?

Who gave you those pearls? *Qui t'a donné ces perles ?*

Whose est le génitif de **who** :

Whose socks are these? *À qui sont ces chaussettes ?*

What et **which** sont assez semblables mais **what** est plus « ouvert » que **which**, qui se réfère souvent à un ensemble d'éléments plus restreints :

What do you feel like doing this afternoon?
Qu'as-tu envie de faire cet après-midi ?

Which film are we watching, Casablanca or The Big Sleep? *Quel film on regarde,* Casablanca *ou le Grand Sommeil ?*

How peut s'employer seul, avec le sens de comment ou de quelle manière :

How did you find Coriolanus?
Comment as-tu trouvé Coriolanus ?

Mais **how** est souvent associé à des adjectifs tels que **expensive, far, often, old, many, much, long,** etc. :

How long is the film? *Quelle est la durée du film ?*

How old is she? *Quel âge a-t-elle ?*

PHRASES IMPÉRATIVES

Les phrases impératives peuvent s'adresser à une ou plusieurs personnes (**you**), mais l'énonciateur peut s'inclure dans l'ordre.

À la forme affirmative, l'impératif est formé de la base verbale sans pronom :

Stop chatting! *Arrêtez de bavarder !*

À la forme négative, la base verbale est précédée de l'auxiliaire **do** au négatif :

Don't talk to me like that! *Ne me parle pas de cette façon !*

On emploie **let's** (**let us**) pour l'impératif à la première personne du pluriel :

Let's go! *Allons-y !*

À la forme négative :

Let's not start arguing!
Ne commençons pas à nous disputer !

PHRASES EXCLAMATIVES

Les mots exclamatifs sont : **how, what, so** et **such**.

● **How** s'emploie devant un **adjectif** ou un **adverbe** :

How awful! *Que c'est horrible !*

How nicely they asked!
Qu'est-ce qu'ils ont demandé gentiment !

Vous remarquerez que, contrairement à la forme interrogative, l'ordre des mots ne change pas dans la phrase exclamative.

How awful it is! How awful is it?

● **So** s'emploie devant un **adjectif**, un **adverbe** ou un **quantificateur** :

It is so kind (of you to give me flowers).
C'est tellement gentil (de ta part de m'offrir ces fleurs).

She asked me so nicely to help her.
Elle m'a demandé si gentiment de l'aider.

I've got so many problems and so little time!
J'ai tellement de problèmes et si peu de temps !

● **What** s'emploie devant des groupes nominaux : **noms seuls** ou **adjectifs + noms**.

What a shame Hugo couldn't come!
Quel dommage que Hugo n'ait pas pu venir !

What a stupid idea! *Quelle idée stupide !*

III. LA PHRASE

What lovely weather! *Quel temps magnifique !*

● **Such** s'emploie devant des groupes nominaux : **noms seuls** ou **adjectifs + noms**.

It's such a shame Garance couldn't come!
C'est tellement dommage que Garance n'ait pas pu venir !

They're such cute little girls.
Ce sont des fillettes tellement gentilles.

Les exclamations avec **how** peuvent aussi porter sur toute la phrase :

How you've changed! *Qu'est-ce que t'as changé !*

Les interro-négatives peuvent aussi avoir une valeur exclamative :

Isn't she beautiful! *Qu'est-ce qu'elle est belle !*

PHRASES EMPHATIQUES

On peut souligner n'importe quel mot important dans une phrase en l'accentuant.

Parfois c'est sur toute une phrase qu'on veut insister, et dans ce cas on accentue l'auxiliaire :

He can play the piano. *Je **t'assure** qu'il sait jouer du piano.*

You shall go to the ball. *Tu iras **sans faute** au bal.*

Less is more. Mais si, *moins, c'est plus.*

Si la phrase qu'on veut souligner ne comporte pas d'auxiliaire, on introduit **do**.

Do peut avoir plusieurs valeurs. L'emphase peut servir à contredire, mais aussi à confirmer ce qui vient d'être dit :

I did do my homework, but the dog ate it. *J'ai vraiment fait mon devoir maison mais le chien l'a mangé.*

Nobody thought he would finish the marathon, but he **did manage** to stagger over the line.
Personne ne croyait qu'il terminerait le marathon, mais effectivement il a réussi à atteindre la ligne d'arrivée.

RÉPONSES COURTES, REPRISES ET
« QUESTION TAGS »

Réponses courtes

On emploie les réponses courtes dans le cadre des « questions fermées » : yes ou no + **auxiliaire** (+ **négatif**) + **sujet**. Pour former une réponse courte, on reprend le sujet et l'auxiliaire de la question à la forme négative ou affirmative selon le type de réponse que l'on veut apporter :

Are they going to come? *Ils viennent ?*

Yes, they are. *Oui (ils viennent).*

Don't they have internet at home?
N'ont-ils pas Internet chez eux ?

Yes, they do. *Si, ils l'ont.*

Moi aussi, moi non plus

Les reprises servent à réagir à des affirmations avec lesquelles on est en accord ou en désaccord.
● Après une **phrase affirmative** :

– on utilise **so** + **auxiliaire** + **sujet** pour montrer son accord :
I love pizza. *J'aime la pizza.*
So do I! *Moi aussi !*

– on utilise **sujet** + **auxiliaire à la forme négative** pour exprimer son désaccord :
I love lobster. *J'adore le homard.*

I don't. I can't stand it. *Pas moi. Je déteste ça.*

● Après une **phrase négative** :

– on utilise **neither + auxiliaire + sujet** pour montrer son accord :

Henrietta doesn't like Spanish.
Henrietta n'aime pas l'espagnol.

Neither do I. *Moi non plus.*

– on utilise **sujet + auxiliaire à la forme affirmative** pour exprimer son désaccord :

I don't like spicey food. *Je n'aime pas la cuisine épicée.*

I do. I think it's great. *Moi si, j'en raffole.*

Question tags

La structure des **tags** fait intervenir encore une fois les auxiliaires dans un rôle de reprise. Ils reprennent la forme verbale de la phrase principale mais en inversant l'orientation (affirmatif/négatif) de celle-ci.

Il ne s'agit pas de véritables questions mais d'une demande de confirmation de la part de l'interlocuteur. L'énonciateur est convaincu de la véracité de ce qu'il avance, mais par politesse il admet qu'il peut ne pas avoir raison, et surtout grâce aux tags, invite son interlocuteur à participer activement à la conversation :

We've already seen this film, haven't we?
On a déjà vu ce film, n'est-ce pas ?

He can't come, can he? *Il ne peut pas venir, n'est-ce pas ?*

Les phrases principales qui ne comportent pas d'auxiliaires sont reprises par **do** :

You know Gerald already, don't you?
Tu connais déjà Gerald, je pense ?

He didn't notice that the lights had changed, did he?
Il n'a pas remarqué que le feu était passé au rouge, n'est-ce pas ?

On reprend un impératif par **will** ou **shall** :

Let's stay together, shall we?
Restons ensemble, veux-tu ?

Shut up, will you? *Tu veux bien te taire ?*

LES ADVERBES

L'adverbe peut modifier le verbe, l'adjectif, la phrase entière ou un autre adverbe.

On peut former de nombreux adverbes, en particulier ceux de manière, en ajoutant le suffixe -ly à l'adjectif :

slow ⇨ slowly

clear ⇨ clearly

Attention aux changements orthographiques suivants :

-y ⇨ -ily : happily ; tidily ; speedily ;

-le ⇨ -ly : gently ; nobly ;

-ll ⇨ -lly : fully ;

-ic ⇨ -ically : drastically ; historically mais publicly.

On peut également former un adverbe :

– à partir du participe présent ou passé d'un verbe auquel on ajoute le suffixe -ly :

repeatedly ; pleasingly

– à partir d'un nom auquel on ajoute le suffixe -ly
hourly wages *salaire horaire*

Lorsque l'adjectif se termine déjà par -ly, ce qui est le cas pour un certain nombre d'entre eux comme **friendly, silly**, il faut utiliser l'expression **in a ... way** ou **in a ... manner** :

III. LA PHRASE

She smiled at him in a friendly way.
Elle lui a souri amicalement.

> **!** Certains adverbes très courants ont la même forme que l'adjectif ou le déterminant correspondant : fast, early, wrong, right, much, either, enough, late.
> Il existe parfois deux adverbes différents pour le même adjectif. Ces deux adverbes sont de sens différent.
>
> **He works very hard.**
> *Il travaille très **dur**.*
>
> **He hardly recognized me.**
> *Il m'a **à peine** reconnu.*

LES VERBES À PARTICULES ET LES VERBES PRÉPOSITIONNELS

De nombreux verbes anglais sont composés de la base verbale + un ou deux éléments. Ces éléments peuvent être :

● une particule adverbiale : **up, down, off, about, across, through,**...

● une préposition : **to, at, in, down, up, off,**...

On parlera donc de **verbes à particules (phrasal verbs)** et de **verbes prépositionnels**.

Afin de faciliter vos recherches, nous avons cependant choisi de regrouper tous ces verbes dans une seule liste sous l'appellation collective de **phrasal verbs** p. 119.

Ces particules ou prépositions changent le sens du verbe :

He told me. *Il me l'a dit.*

He told me off. *Il m'a rabroué.*

Comme tous les verbes, ces verbes peuvent être :

● intransitifs (sans complément d'objet) :

Agnes turned up late. *Agnès est arrivée en retard.*

● transitifs (suivis d'un complément d'objet) :

She turned up the music. ou **She turned the music up.**
Elle a augmenté le volume de la musique.

Vous remarquez ici aussi que le sens est différent selon que la construction est transitive et intransitive. Vous noterez aussi que le sens de ces verbes n'est pas directement déductible de leur construction.

Il existe trois types de construction où la base verbale est suivie d'un élément et d'un complément d'objet. Lorsque le complément est un nom, les trois constructions sont très semblables :

● **verbes à particules** :

He got his message over to his colleagues.
Il a réussi à faire passer le message auprès de ses collègues.

● **verbes prépositionnels** :

He looked at the painting with great attention.
Il a regardé la peinture avec la plus grande attention.

● **verbes à particules suivis d'une préposition** :

We have to cut down on our expenditure.
Nous devons réduire nos dépenses.

Ces constructions ont un point commun, elles peuvent toutes être mises au **passif** :

The message was got over clearly to his colleagues.
Le message a été clairement communiqué à ses collègues.

The painting was looked at with great attention.
La peinture fut examinée avec la plus grande attention.

Our expenditure has to be cut down on.
Nos dépenses doivent être réduites.

Mais il y a des différences grammaticales importantes entre les verbes à particules et les autres.

> **!** Pour distinguer les verbes à particules des verbes prépositionnels, on les met à l'impératif. Le verbe à particule ne peut se séparer de sa particule ; elle fait partie intégrante du verbe :
>
> **I don't feel like getting up this morning.**
> *Je n'ai pas envie de me lever ce matin.*
> **Get up!** *Lève-toi !*
>
> À l'inverse, les verbes prépositionnels n'ont une préposition que lorsqu'ils sont suivis d'un complément. Sinon, on a simplement la base verbale :
>
> **He listened to me.** *Il m'a écouté.*
> **Listen!** *Écoute !*

Les verbes à particules ou « phrasal verbs »

Dans les verbes à particules, la base verbale et la particule adverbiale forment **un tout**. La particule modifie le sens du verbe. Ces verbes peuvent être :

● transitifs (suivis d'un complément) :
turn off (a light) *éteindre (une lumière)*
make up (a story) *inventer (une histoire)*
bring up (a child) *élever (un enfant)*
hold down (a job) *garder (un travail)*

● intransitifs (sans complément) :

Please sit down here. *Asseyez-vous ici.*

The house blew up. *La maison a sauté.*

La particule est souvent un adverbe de lieu. Elle se place immédiatement après la base verbale.

Quand le **complément d'objet** est un **nom**, il peut se placer **avant** ou **après** la particule :

I made the story up. = I made up the story.
J'ai inventé cette histoire.

Quand le **complément d'objet** est un **pronom**, il se place **toujours devant** la particule :

I made it up. *Je l'ai inventée.*

La particule est en fin de phrase dans les questions et les propositions relatives :

What did you find out?
Qu'est-ce que tu as appris ?

This is a project which you must see through.
Vous devez mener ce projet à bien.

Les verbes prépositionnels

Les verbes prépositionnels sont formés d'une base verbale et d'une préposition. Ils sont toujours suivis d'un complément :

look at (a picture) *regarder (un tableau)*

ask for (some money) *demander (de l'argent)*

make for (the door) *se diriger vers (la porte)*

refer to (a book) *consulter (un livre)*

Le **complément d'objet** se place **toujours après** la préposition, qu'il soit ou non un pronom :

I looked at the picture. *J'ai regardé le tableau.*

I looked at it. *Je l'ai regardé.*

Dans les questions et les propositions relatives, la préposition reste derrière le verbe.

Who are you thinking about? *À qui penses-tu ?*

La préposition ne se place devant le mot interrogatif ou le pronom relatif qu'en style soutenu :

About whom are you thinking? *À qui penses-tu ?*

Les verbes à particules prépositionnels

Certains verbes à particules se construisent toujours avec une préposition et un complément. C'est le cas de :

put up with (discomfort, a situation)
supporter (une gêne, une situation)

look forward to (a holiday, a new phase)
attendre avec impatience (des vacances, une nouvelle étape)

check up on (a fact, this offer) *vérifier (un fait, cette offre)*

look down on (poor people, one's neighbours)
mépriser (les pauvres, ses voisins)

La première particule suit presque toujours immédiatement le verbe. La préposition se comporte comme celle des verbes prépositionnels :

I hope you'll make up with her soon.
J'espère que tu vas bientôt te réconcilier avec elle.

I'm looking forward greatly to their arrival.
J'ai vraiment hâte qu'ils arrivent.

Le verbe et l'ensemble formé par la particule et la préposition sont inséparables même lorsque le complément est un pronom :

I can't put up with her attitude anymore.
Je ne peux plus supporter son attitude.

I can't put up with it anymore.
Je ne peux plus la supporter.

CONSTRUCTIONS À PLUSIEURS VERBES

Une phrase peut comporter plus d'un verbe. Un verbe peut être suivi de la **base verbale** (infinitif sans to), de la **base verbale** précédée de to (infinitif) ou de la **base verbale** + ing (gérondif) :

Don't make me laugh. *Ne me fais pas rire.*

I want you to stop. *Je veux que tu t'arrêtes.*

I caught her dancing with Darren.
Je l'ai surprise en train de danser avec Darren.

Verbe + base verbale

La **base verbale** s'emploie

● souvent après les verbes de perception :

I saw her take it. *Je l'ai vue le prendre.*

I heard them arrive at midnight.
Je les ai entendus arriver à minuit.

● après les verbes **have** et **make** qui expriment une notion de contrainte plus ou moins forte et après le verbe **let** qui exprime quant à lui une permission :

She made me cry.
Elle m'a fait pleurer.

He had me do pushups!
Il m'a fait faire des pompes !

He let me use his phone.
Il m'a laissé utiliser son téléphone.

● après tous les auxiliaire modaux :

You must learn all this by heart.
Tu dois apprendre tout ceci par cœur.

101

Verbe + infinitif avec « to »

On emploie souvent l'infinitif après les verbes qui expriment :

● la volonté du sujet (**ask, forbid, refuse, tell, want, wish**) :

I'm asking you to do this as a favour.
Je te demande de faire cela comme faveur.

He has refused to reveal his sources.
Il a refusé de révéler ses sources.

He wants to finish the job as soon as possible.
Il veut terminer le travail aussitôt que possible.

● ou une intention future (**hope, intend, plan**) :

He intends to come and see you.
Il a l'intention de venir te voir.

Si cette notion de volonté porte sur un deuxième sujet, la construction infinitive est conservée, contrairement au français :

She wants me to stop smoking.
Elle veut que j'arrête de fumer.

On emploie aussi souvent l'infinitif pour exprimer le **but** :

I'm listening to these podcasts to perfect my Spanish.
*J'écoute ces podcasts **pour perfectionner** mon espagnol.*

Verbe + verbe en ing

On trouve cette forme généralement avec les verbes exprimant les goûts ou les désirs (**adore, detest, don't mind, enjoy, hate, like, love**) :

I love playing chess. *J'aime jouer aux échecs.*

She hates ironing. *Elle déteste repasser.*

Comme cela a été expliqué plus haut, la forme en -ing exprime souvent l'idée d'une activité en cours, et souligne la notion de durée de celle-ci. Cela explique que les verbes de perception peuvent également être suivis de cette forme. Comparez les exemples suivants :

I saw him run out of the house.
Je l'ai vu sortir de la maison en courant.

I saw him running out of the house.
Je l'ai vu sortir de la maison en courant.

Même si les traductions en français sont identiques, il existe néanmoins une légère différence de sens entre les deux phrases. Celui qui parle fait donc le choix d'une forme au profit d'une autre. Dans le premier exemple, il s'intéresse à l'action de façon globale (**run**) alors que dans le deuxième exemple, il s'intéresse plus au déroulement de l'action et à sa durée (**running**).

Verbe + infinitif avec « to » + verbe ou verbe en -ing

Certains verbes peuvent être suivis de **to** + **verbe** ou de **verbe** en -ing sans que le sens de la phrase ne change. C'est le cas des verbes marquant le **début** ou la **continuité** d'une action comme **start**, **begin** ou **continue**.

She started shouting. = She started to shout.
Elle s'est mise à crier.

Il est aussi possible d'utiliser la tournure **to** + **verbe** après les verbes de goût même si la forme en -ing permet plus d'exprimer une généralisation alors que la forme en -ing permet d'évoquer un événement plus ponctuel :

She likes dancing.   généralité

She likes to dance.   événement envisagé sous un angle
                  plus ponctuel : quand elle peut

Attention ! Les formes en **to + verbe** et en **-ing** ne sont pas toujours interchangeables. Vous devez faire attention au contexte avant de choisir l'une ou l'autre de ces formes.

Remember to lock the door.
Rappelle-toi de fermer la porte à clé.

I remember asking Hugo to do his homework.
Je me rappelle très bien avoir demandé à Hugo de faire ses devoirs.

It's very hard to stop smoking.
C'est très dur d'arrêter de fumer.

Biggles stopped under a tree to smoke a cigarette.
Biggles s'arrêta sous un arbre pour fumer une cigarette.

Prépositions et verbe + ing

Après les prépositions (éléments qui précèdent des groupes nominaux), vous devez utiliser la forme en **-ing** du verbe. En effet, le suffixe **-ing** permet de nominaliser les verbes.

After eating dinner, they went into the garden.
Après avoir dîné, ils se rendirent dans le jardin.

I'm looking forward to seeing you. *J'ai hâte de te voir.*

Ce nom verbal peut devenir sujet ou objet d'un autre verbe. En français c'est plutôt l'infinitif qui revêt cette fonction :

Watching football is not as good as playing it.
Regarder *le foot est moins intéressant que d'y jouer.*

LE PASSIF

● Pour former le passif, on emploie l'**auxiliaire be +
participe passé** du verbe :

Our school was opened by the Queen in 2003.
Notre école a été inaugurée par la reine en 2003.

Have all the lights been switched off?
Est-ce que toutes les lumières ont été éteintes ?

● Il permet de traduire le **on** impersonnel :
On m'a dit d'être très prudente. **I was told to be very careful.**

● La voix passive se combine avec tous les temps,
aspects et modes du verbe (mais **been being** est rare).
Elle peut également se combiner avec un modal :

I wondered whether she'd been warned about the danger.
Je me suis demandé si elle avait été prévenue du danger.

**You might be thrown out of school if your work
doesn't improve.** *Tu pourrais être renvoyé de l'école si ton
travail ne s'améliore pas.*

Many questions are being asked about this man.
*Beaucoup de questions sont posées au sujet de cet
homme.*

● La voix passive traduit un choix de **mise en relief** :

My son has cleaned the car. *Mon fils a lavé la voiture.*

The car has been cleaned (by my son).
La voiture a été lavée (par mon fils).

Les deux phrases précédentes évoquent le même
événement, néanmoins on ne peut pas dire qu'elles
soient équivalentes. Dans la première phrase, l'élément
mis en valeur est **my son** alors que dans la deuxième
phrase c'est **the car**. Le choix d'une structure passive
témoigne très souvent d'un choix de mise en relief.

● Le **complément d'agent** du verbe au passif est introduit par la préposition **by**, mais il n'est pas toujours mentionné :

The costumes were made by the children's mothers.
Les costumes ont été réalisés par les mères des enfants.

She was badly injured in a car crash.
Elle a été grièvement blessée dans un accident de voiture.

● La préposition ou la particule des verbes prépositionnels ou à particules se place après le verbe :

The matter will be dealt with tomorrow.
On s'occupera de cette affaire demain.

● Certains des verbes exprimant une demande, une autorisation, une contrainte ou une vérité générale (**ask, allow, expect, help, make, tell, persuade, invite, remind, believe**) peuvent se mettre au passif mais ils se construisent alors avec **to** :

We were made to do the washing-up.
On nous a obligés à faire la vaisselle.

She can't be persuaded to come.
On n'arrive pas à la convaincre de venir.

● Pour les verbes de perception comme **see, hear, feel**, la forme verbale au passif peut être suivie de **to** + base verbale ou du verbe en **-ing** :

He was seen to leave the building at nine o'clock.
He was seen leaving the building at nine o'clock.
On l'a vu sortir de l'immeuble à neuf heures.

Même si l'action évoquée est la même dans les deux phrases, la mise en relief n'est pas identique. Avec (**to**) **leave** on envisage l'action de façon globale alors qu'avec **leaving** on l'envisage dans son déroulement et sa durée.

● Le passif s'emploie beaucoup en anglais journalistique, technique et scientifique, et correspond souvent à **on** en français :

This printer can be used with most computers. *Cette imprimante peut s'utiliser avec la plupart des ordinateurs.*

He was arrested yesterday. *On l'a arrêté hier.*

> En anglais familier, **get** s'emploie plus souvent que **be** pour exprimer le passage d'un état à un autre ou pour désigner un événement plutôt qu'un état :
>
> **He got caught by the police yesterday.**
> *Il s'est fait arrêter par la police hier.*

● Il existe deux types de structures possibles pour les verbes à deux compléments du type **give**, **offer**, **send**, **lend**, **pay**.

My mother gave me a watch.

I was given a watch (by my mother).
On m'a donné une montre. J'ai reçu une montre.

A watch was given to me (by my mother).
Une montre m'a été donnée.

Vous avez remarqué que l'on pouvait former deux phrases au passif à partir de la phrase proposée à la voie active. Cependant, la première phrase, qui met en relief le bénéficiaire (**I**) et non pas l'objet (**a watch**), est beaucoup plus fréquemment utilisée en anglais que la deuxième. Cette première phrase ne peut absolument pas se traduire mot à mot en français, on utilise donc très souvent le pronom impersonnel **on** ou on modifie le verbe (donner ⇨ recevoir, envoyer ⇨ recevoir,...).

LE DISCOURS INDIRECT

On emploie le **discours indirect** pour **rapporter** les paroles d'une tierce personne. Le discours indirect entraîne souvent des modifications des formes verbales ainsi que des pronoms et des repères temporels.

On utilise un verbe introducteur tel que **say** ou **tell**, mais il existe quantité d'autres verbes introductifs tels que **add, answer, declare, promise, wonder, explain**.

● Si le verbe introducteur est au présent, cela n'entraîne aucune modification de temps dans la phrase rapportée :

Fred says: "I don't like frogs' legs".
Fred dit : « Je n'aime pas les cuisses de grenouilles ».

Fred says that he doesn't like frogs' legs.
Fred dit qu'il n'aime pas les cuisses de grenouilles.

● En revanche, si le verbe introducteur est au prétérit, les verbes de la phrase rapportée connaissent les modifications suivantes :

discours direct	discours indirect
présent "I don't know this song".	prétérit She said she didn't know this song.
prétérit "I saw Amy two days ago".	pluperfect She said she had seen Amy two days before.
present perfect "I've already done it".	pluperfect He said he had already done it.
futur "We'll come and see you".	conditionnel présent They said they would come and see us.
impératif "Hurry up!" "Don't be late!"	infinitif (to + verbe) He told me to hurry up. They told us not to be late.

Néanmoins, il n'y a pas de modification de temps si le verbe renvoie à quelque chose qui est toujours valable au moment de parler, ou à un état :

He told me that this book is very good.
Il m'a dit que ce livre est très bien.

L'interrogation indirecte

L'énonciateur emploie le verbe **ask** pour rapporter des questions. Le verbe **ask** est suivi :

● de if ou de whether pour rapporter les yes/no questions :

She asked me if I was crazy. *Elle m'a demandé si j'étais fou.*

● d'une forme en wh- pour rapporter une wh- question :

Wayne asked Kathy where she lived.
Wayne a demandé à Kathy où elle habitait.

Vous remarquerez que l'ordre des mots dans une question indirecte n'est pas celui des questions.

SUBORDONNÉES

Subordonnées complétives ou nominales

Les subordonnées complétives sont des propositions qui ont la même fonction qu'un groupe nominal. Elles sont reliées à la principale par la conjonction that qui peut être omise lorsque les subordonnées sont compléments d'objet.

I can assure you (that) she's very intelligent.
Je puis vous assurer qu'elle est très intelligente.

Ces subordonnées complétives peuvent aussi avoir une fonction sujet :

That she is very intelligent is not the question.
Qu'elle soit très intelligente n'est pas la question.

Subordonnés interrogatives indirectes

Il s'agit de la reformulation de questions issues du discours direct. On remarque l'absence d'inversion **sujet/auxiliaire**. Le temps du verbe de la subordonnée dépend du verbe introducteur de la principale. Ces subordonnées sont introduites par des mots en wh-, par if ou whether selon le type de question initialement posée :

Where are my socks? *Où sont mes chaussettes ?*

He asked me where his socks were.
Il m'a demandé où étaient ses chaussettes.

Is it raining? *Est-ce qu'il pleut ?*

He wanted to know if ou whether it was raining.
Il voulait savoir s'il pleuvait.

Subordonnées infinitives et participiales

● La subordonnée infinitive comporte un verbe à une forme non conjuguée (infinitif avec ou sans to) :

She wants me to work. *Elle veut que je travaille.*

She makes me work. *Elle me fait travailler.*

● La subordonnée participiale comprend des verbes au participe présent ou passé :

I heard her playing the piano.
Je l'ai entendue jouer du piano.

I heard this song played on the radio.
J'ai entendu cette chanson (jouée) à la radio.

I want it done right now.
Je veux que ça soit fait tout de suite.

Les verbes de perception comme see, watch, feel, hear sont suivis d'un verbe à **l'infinitif sans** to :

I heard him slam the door. *Je l'ai entendu claquer la porte.*

Les verbes de perception peuvent également être suivis de la forme en -ing, avec une différence de point de vue : on s'intéresse à l'événement, à l'activité dans son déroulement :

I saw her swimming up and down.
Je l'ai vue faire des longueurs.

III. LA PHRASE

Les verbes qui expriment une contrainte (plus ou moins forte) (**have, make**) ou une permission comme (**let**) s'emploient également avec un verbe à **l'infinitif sans** to :

He had the pupils do extra homework.
Il a fait faire aux élèves des devoirs supplémentaires.

He always makes us laugh. *Il nous fait toujours rire.*

She always lets us chew gum.
Elle nous laisse toujours mâcher du chewing-gum.

Have peut aussi s'employer avec le **participe passé**. On s'intéresse alors au résultat :

He's had his hair done. *Il s'est fait coiffer.*

 Comment traduire « **faire faire** » ?
Vous devez d'abord vous demander si votre phrase a un sens :

● **actif** : *faire travailler quelqu'un*
She makes me work a lot.
She has me work a lot.
She gets me to work a lot.
Have est très souvent utilisé en **anglais américain**. Quand il est utilisé en **anglais britannique**, il exprime une contrainte moins forte que **make**.

● **passif** : *faire nettoyer son costume*
I had my suit cleaned.
I got my suit cleaned.
On peut parfois traduire **get** ou **had** + complément d'objet direct + participe passé par **se faire faire** :
I had my hair cut.
Je me suis fait couper les cheveux.

Si vous hésitez entre le sens actif et passif, sachez que vous pouvez ajouter un complément d'agent (par + nom) lorsque les phrases ont un sens passif.

J'ai fait nettoyer mon costume (par le teinturier).
complément d'agent possible, **sens passif**

J'ai fait travailler ma sœur.
complément d'agent impossible, **sens actif**

Attention ! Les tournures françaises qui n'expriment pas l'idée de contrainte ne se traduisent pas par make, have ou get :

faire cuire = cook

Des verbes comme **ask, get, offer, promise, try, want,** et **would like** sont suivis d'un verbe à **l'infinitif avec to** :

She asked me to give you this ring back.
Elle m'a demandé de te rendre cette bague.

Le verbe **help** peut se construire **avec ou sans to** :

She helped me (to) carry my bags.
Elle m'a aidée à porter mes sacs.

Subordonnées circonstancielles

Ces subordonnées peuvent avoir :

● une valeur **temporelle** (as, as soon as, after, before, since, when, while, until) :

Since you've been gone nothing is the same.
Depuis que tu es partie tout a changé.

When you first came to Casablanca I thought...
Lorsque vous êtes arrivé à Casablanca je pensais...

● une valeur **de lieu** :

Show me where you live.
Montre-moi où tu habites.

● une valeur **de manière** (as, as if, as though, how) :

Please explain how you do it.
Expliquez comment vous faites.

● une valeur **causale** (as, because, for, since) :

As you are ill, you should stay at home.
Comme tu es malade, tu devrais rester à la maison.

● une valeur **de conséquence** (so that) :

She worked so hard that she is exhausted now.
Elle a travaillé si dur qu'elle est épuisée maintenant.

● une valeur **de but** (so that, so as to) :

He gave her some money so that she could take the bus.
Il lui a donné de l'argent pour qu'elle puisse prendre le bus.

● une valeur **conditionnelle** (as long as, so long as, providing, if, unless) :

Don't touch that unless you want an electric shock.
Ne touche pas à ça à moins que tu ne veuilles prendre du jus.

● une valeur **de concession** (although, though, even if, even though, while, whether... or) :

Even if you gave me a million dollars I wouldn't give you the visas.
Même si tu me donnais un million de dollars je ne te donnerais pas les visas.

● une valeur **de contraste** (whereas) :

His sister plays the piano whereas he plays the guitar
Sa sœur joue du piano alors qu'il joue de la guitare.

Subordonnées relatives

Les subordonnées relatives apportent une information supplémentaire sur le nom (l'**antécédent**).

Lorsque cette information est **essentielle** à l'identification de l'antécédent, on parle de relatives **déterminatives** ou **restrictives** :

The girl who works here is American.
La fille qui travaille ici est américaine.

Lorsque l'information supplémentaire n'est **pas essentielle**, on parle de relatives **non déterminatives** ou **appositives** :

Mr Parker, who works here, is American.
M. Parker, qui travaille ici, est américain.

Dans la première phrase, la subordonnée relative est nécessaire pour que l'on puisse savoir de qui on parle. Dans la deuxième, en revanche, la subordonnée apporte des précisions sur le sujet qui est déjà identifié : **Mr Parker**. Vous remarquerez que dans ce cas, la proposition relative est entre virgules, en apposition.

Pronoms relatifs

On emploie des pronoms relatifs différents en fonction de la nature de l'antécédent (humain ou pas) et de son rôle (sujet, complément) :

● Lorsque le pronom a une fonction **sujet** :

subordonnée	antécédent	fonction sujet
déterminative	humain	who, that
	non humain	which, that
non déterminative	humain	who
	non humain	which

Le pronom relatif ne peut pas être omis lorsqu'il est sujet.

● Lorsque le pronom a une fonction **complément d'objet** :

subordonnée	antécédent	fonction complément
déterminative	humain	who(m), that, Ø
	non humain	which, that, Ø
non déterminative	humain	who(m)
	non humain	which

Le pronom relatif est très souvent omis lorsqu'il est complément d'objet (Ø = **article zéro**).

● Lorsque le pronom a une fonction **complément du nom** :

on utilise whose quel que soit l'antécédent et quel que soit le type de subordonnée (déterminative ou non déterminative).

This is the book whose preface is absolutely fantastic.
C'est le livre dont la préface est absolument fantastique.

John, whose brother Joe lives in the Wirral, is an accountant.
John, dont le frère habite le Wirral, est comptable.

Faites donc attention à **dont** !

Dont ne se traduit par whose que lorsqu'il est **complément du nom**.

Observez les phrases suivantes :

*Pierre, **dont le frère** est médecin, est très fort en maths.*

Pierre, **whose brother** is a doctor, is very good at maths. (relation de complément du nom : le frère de Pierre)

*Le livre **dont j'ai besoin** est très cher.*

The book (that / Ø / which) I need is very expensive.

(pas de relation de complément du nom, construction du verbe : *avoir besoin de*)

C'est le même cas de figure dans l'exemple suivant :

the book I'm talking about *le livre **dont je parle***

Lorsque l'information n'est **pas nécessaire** (relatives appositives), on utilise who, whose et which, **jamais** that :

Her last book, which I talked to you about yesterday, is brilliant.

Son dernier livre, dont je t'ai parlé hier, est génial.

Lorsque l'information **est nécessaire** à l'identification de l'antécédent (relatives déterminatives), on peut utiliser who, whose, which, that et Ø (le relatif zéro) :

The book which / that / Ø I bought yesterday is brilliant.

Le livre que j'ai acheté hier est génial.

117

III. LA PHRASE

> **Rappel !**
>
> **who** ne peut avoir qu'un **antécédent humain** :
> the girl who is over there
>
> **which** ne peut avoir qu'un **antécédent non humain** :
>
> the building which is overthere
> **that** et **Ø** peuvent accepter les **deux types d'antécédents** :
>
> the doctor that / Ø I know
> the book that / Ø I am reading

CONJONCTIONS DE COORDINATION

Les conjonctions (ou **connecteurs**) de coordination associent des éléments grammaticaux de même type (**noms**, **adjectifs**, **verbes**, **propositions**) sans qu'il y ait une hiérarchie de dépendance (comme c'est le cas avec les subordonnées).

Les principaux connecteurs sont **and**, **or**, et **but** :

They like tea and coffee. *Ils aiment le thé et le café.*

They don't have running water or electricity.
Ils n'ont ni eau courante ni électricité.

He is clever but arrogant. *Il est intelligent mais arrogant.*

They either argue or fight.
Soit ils se disputent soit ils se battent.

They drank beer and listened to the music.
Ils buvaient de la bière et écoutaient de la musique.
Ils buvaient de la bière en écoutant de la musique.

PHRASAL VERBS

add up additionner
- **add the numbers up** additionnez les chiffres

back up
1. soutenir
   - **I'll back you up** je te soutiendrai
2. sauvegarder
   - **he backed up his files** il a sauvegardé ses fichiers

beat up tabasser
- **he was beaten up** il a été tabassé

bend down se baisser
- **he bent down to pick up his book**
  il s'est baissé pour ramasser son livre

bend over se pencher
- **she bent over to have a closer look**
  elle s'est penchée pour mieux voir

blow out souffler
- **blow the candles out** souffle les bougies

blow up
1. gonfler
   - **I'm going to blow up some balloons for the party**
     je vais gonfler des ballons pour la fête
2. faire sauter
   - **they have blown up the bridge** ils ont fait sauter le pont
3. sauter
   - **the whole building blew up** tout l'immeuble a sauté

120

break down
1. tomber en panne
● **their car broke down** leur voiture est tombée en panne
2. enfoncer
● **the police broke the door down**
la police a enfoncé la porte

break in entrer par effraction
● **a burglar broke in through the window**
un cambrioleur est entré par la fenêtre

break up
1. rompre
● **he broke up with his girlfriend**
il a rompu avec sa copine
2. se terminer
● **the meeting broke up at lunchtime**
la réunion s'est terminée à midi

breathe in inspirer

breathe out expirer

bring back
1. rapporter
● **he brought a T-shirt back from Rome**
il a rapporté un tee-shirt de Rome
2. ramener
● **she brought him back home** elle l'a ramené chez lui

bring up
1. élever
● **he was brought up by his grandparents**
il a été élevé par ses grands-parents
2. soulever
● **he brought the question up at the meeting**
il a soulevé la question à la réunion

bump into
1. rentrer dans
- **they bumped into the wall** ils sont rentrés dans le mur
2. rencontrer par hasard
- **I bumped into my old teacher**
  j'ai rencontré mon ancien professeur par hasard

C

call back rappeler
- **I'll call back later** je rappellerai plus tard

call off annuler
- **they called off the meeting** ils ont annulé la réunion

call on rendre visite à
- **they called on us yesterday** ils nous ont rendu visite hier

call round passer
- **I'll call round this afternoon** je passerai cet après-midi

calm down se calmer
- **calm down!** calmez-vous !

care about se soucier de
- **she doesn't care about her appearance**
  elle ne se soucie pas de son apparence

care for
1. s'occuper de
- **she cares for her elderly parents**
  elle s'occupe de ses parents âgés
2. aimer
- **I don't care for his new friends**
  je n'aime pas trop ses nouveaux amis

carry on continuer
- **he carried on working** il a continué à travailler

catch up rattraper
- **you go on and I'll catch you up** continue, je te rattraperai
- **I was away yesterday so I'll have to catch up**
j'étais absent hier, donc je dois rattraper mon retard

chase after courir après
- **the dog was chasing after me** le chien courait après moi

chase away chasser
- **he chased the intruder away** il a chassé l'intrus

check in
1. se présenter à l'enregistrement
- **they checked in for their flight to Rome** ils se sont
présentés à l'enregistrement de leur vol pour Rome
2. se présenter à la réception
- **we checked in at the hotel** en arrivant, nous nous
sommes présentés à la réception de l'hôtel

check out
1. régler sa note
- **they checked out from the hotel**
ils ont réglé leur note d'hôtel
2. regarder
- **check this out!** regarde-moi ça !

cheer up
1. remonter le moral à
- **I tried to cheer him up**
j'ai essayé de lui remonter le moral
2. retrouver le moral
- **he cheered up when his friends came to see him**
il a retrouvé le moral quand ses amis sont venus le voir

● **cheer up!** allez, un petit sourire !

chop down abattre
   ● **they chopped the tree down** ils ont abattu l'arbre

clean up nettoyer
   ● **don't forget to clean up before you go**
      n'oublie pas de nettoyer avant de partir

clear out vider
   ● **I'm going to clear out the cupboards**
      je vais vider les placards

clear up
1. ranger
   ● **he cleared up the house after the party**
      il a rangé la maison après la fête
2. s'éclaircir
   ● **it's clearing up** ça s'éclaircit

climb down descendre
   ● **he climbed down the ladder**
      il est descendu de l'échelle

climb over passer par-dessus
   ● **he climbed over the fence**
      il est passé par-dessus la barrière

climb up monter
   ● **he climbed up the stairs** il a monté l'escalier

come around 🟢 ➙ *come round* 🔴

come back revenir
   ● **come back soon!** reviens vite !
   ● **I'll come back later** je reviendrai plus tard

124

come down
1. descendre
- **he came down to say goodbye**
  il est descendu dire au revoir

2. baisser
- **prices have come down** les prix ont baissé

come in entrer
- **come in!** entrez !
- **she came in through the kitchen window**
  elle est entrée par la fenêtre de la cuisine

come off se détacher
- **one of my buttons has come off**
  un de mes boutons s'est détaché

come over venir
- **come over this evening** viens chez nous ce soir

come out
1. sortir
- **come out with your hands up!**
  sortez les mains en l'air !
- **their new album is coming out in May**
  leur nouvel album sort en mai

2. partir
- **this mark won't come out** cette tache ne part pas

come round 🏴󠁧󠁢󠁥󠁮󠁧󠁿 • come around 🇺🇸
1. venir
- **Janet is coming round tonight**
  Janet vient ce soir

2. reprendre connaissance
- **he's starting to come round**
  il commence à reprendre connaissance

come to reprendre connaissance

come up
1. monter
- **come up here!** monte !

2. se lever
- **the sun has come up** le soleil s'est levé

3. être soulevé
- **the problem came up in class**
  le problème a été soulevé en classe

come up to
1. arriver à
- **the mud came up to our knees**
  la boue nous arrivait jusqu'aux genoux

2. s'approcher de
- **he came up to me and shook my hand**
  il s'est approché de moi et m'a serré la main

cool down
1. refroidir
- **the water has cooled down** l'eau a refroidi

2. rafraîchir
- **this drink will cool you down** cette boisson
  va te rafraîchir

cross off rayer
- **he crossed my name off the list**
  il a rayé mon nom de la liste

cross out barrer
- **she crossed out the word** elle a barré le mot

cross over traverser
- **I crossed over the road** j'ai traversé la rue

cry out pousser un cri
- **he cried out in pain** il a poussé un cri de douleur

cut off couper
- **he cut off another slice** il a coupé une autre tranche
- **the phone has been cut off** le téléphone a été coupé

cut out découper
- **I cut out the article** j'ai découpé l'article

D

deal with
1. s'occuper de
   - **I'll deal with it** je vais m'en occuper
2. traiter de
   - **we'll deal with that subject in the next chapter**
     nous allons traiter de ce sujet dans le chapitre suivant

dig up déterrer
- **the dog dug some bones up** le chien a déterré des os

do up
1. fermer
   - **he did up his jacket** il a fermé sa veste
2. attacher
   - **do your laces up** attache tes lacets
3. boutonner
   - **do up your shirt buttons** boutonne ta chemise
4. retaper
   - **they're doing up an old farmhouse**
     ils retapent une vieille ferme

do without se passer de
- **they did without bread** ils se sont passé de pain

dress up
1. se déguiser
   - **she dressed up as a witch** elle s'est déguisée en sorcière

2. s'habiller, se mettre sur son trente et un
- **she always dresses up to go out**
  elle se met toujours sur son trente et un pour sortir

drop by passer
- **can you drop by tomorrow?** tu peux passer demain ?

end up
1. finir
- **he ended up doing all the work himself**
  il a fini par faire tout le travail lui-même
2. se retrouver
- **he ended up in Spain** il s'est retrouvé en Espagne

face up to faire face à
- **he faced up to the problem** il a fait face au problème

fall down tomber
- **the little girl fell down** la petite fille est tombée

fall off tomber
- **he fell off his bicycle** il est tombé de son vélo

fall out
1. tomber
- **the keys fell out of my pocket**
  les clés sont tombées de ma poche
2. se brouiller
- **he's fallen out with his best friend**
  il s'est brouillé avec son meilleur ami

fall over
1. tomber
- **the vase fell over** le vase est tombé

128

2. trébucher sur
- **he fell over a log** il a trébuché sur une bûche

figure out
1. comprendre
- **I can't figure out why** je ne comprends pas pourquoi
2. calculer
- **I tried to figure out the total**
  j'ai essayé de calculer le total

fill in
1. remplir
- **I filled in the form** j'ai rempli le formulaire
2. boucher
- **he filled in the hole** il a bouché le trou

fill out remplir
- **she filled out the form** elle a rempli le formulaire

fill up remplir
- **he filled the tank up with water**
  il a rempli le réservoir d'eau

find out
1. se renseigner
- **I'm going to find out about the concert**
  je vais me renseigner sur le concert
2. découvrir
- **he found out the truth** il a découvert la vérité

flick off éteindre
- **he flicked the TV off** il a éteint la télé

flick on allumer
- **flick the light on** allume la lumière

flick through feuilleter
- **she flicked through the magazine**
  elle a feuilleté la revue

fly away s'envoler
- **the bird flew away** l'oiseau s'est envolé

G

get away s'échapper
- **the thief got away** le voleur s'est échappé

get back
1. rentrer
- **I got back late** je suis rentré tard
2. récupérer
- **did you get your money back?** tu as récupéré ton argent ?

get down descendre
- **he got down from the tree** il est descendu de l'arbre

get in
1. entrer
- **they got in through the window**
  ils sont entrés par la fenêtre
2. monter dans
- **get in the car!** monte dans la voiture !

get off
1. descendre de
- **he got off the bus** il est descendu du bus
2. descendre
- **where do we get off?** où est-ce qu'on descend ?

get on
1. monter dans
- **they got on the train** ils sont montés dans le train

130

2. s'entendre
- **they get on well** ils s'entendent bien

get out
1. sortir
- **get out!** sortez !
- **he managed to get out of the building**
  il a réussi à sortir du bâtiment

2. descendre
- **she got out of the taxi** elle est descendue du taxi

get up se lever
- **what time did you get up?** à quelle heure tu t'es levé ?
- **Sam gets up at dawn** Sam se lève à l'aube

give in céder
- **his mother gave in and let him go out**
  sa mère a cédé et l'a laissé sortir
- **I give in, tell me!**
  je donne ma langue au chat, dis-le-moi !

give out distribuer
- **the teacher gave out the exam papers**
  le professeur a distribué les copies d'examen

give up
1. abandonner
- **it's too hard, I give up** c'est trop dur, j'abandonne

2. arrêter
- **he gave up smoking** il a arrêté de fumer

go around • go round 🌐
- **to go around the shops** faire les magasins
- **to go around the museum** visiter le musée

go away partir
- **she's gone away** elle est partie
- **go away!** allez-vous-en !, va-t'en !

go back retourner
- **I went back to the shop** je suis retourné au magasin
- **to go back home** rentrer chez soi
- **Tim has gone back home** Tim est rentré chez lui
- **to go back to sleep** se rendormir
- **to go back to work** reprendre le travail

go down
1. descendre
- **she has gone down to the cellar**
  elle est descendue à la cave
- **we went down the hill** nous avons descendu la pente

2. baisser
- **prices have gone down** les prix ont baissé

go in entrer
- **Sam knocked on the door and went in**
  Sam a frappé à la porte et est entré

go off
1. exploser
- **the bomb went off** la bombe a explosé

2. sonner
- **the alarm clock went off at 6 am**
  le réveil a sonné à 6 heures

3. partir
- **she went off without me** elle est partie sans moi

4. 🌐 tourner
- **the milk has gone off** le lait a tourné

go on
1. continuer
- **they went on talking**
  ils ont continué à parler, ils ont continué de parler

2. se passer
- **what's going on?** qu'est-ce qui se passe ?

132

go out
1. sortir
- **I'm going out tonight** je sors ce soir
- **he's going out with Tina** il sort avec Tina

2. s'éteindre
- **the lights have gone out** les lumières se sont éteintes

go round 🔄 ➞ go around

go up
1. monter
- **he went up to bed** il est monté se coucher
- **they went up the hill** ils ont monté la pente

2. augmenter
- **prices have gone up** les prix ont augmenté

go without se passer de
- **we'll have to go without bread**
  nous devrons nous passer de pain

grow up grandir
- **I grew up in Oxford** j'ai grandi à Oxford
- **I want to be a pilot when I grow up**
  je veux être pilote quand je serai grand

H

hand in rendre
- **they handed in their homework**
  ils ont rendu leurs devoirs

hand out distribuer
- **the teacher handed out the papers**
  le professeur a distribué les copies

hand over remettre
- **I handed the money over to her** je lui ai remis l'argent

hang on attendre
- **can you hang on a minute?** tu peux attendre une minute ?

hang up
1. accrocher, suspendre
   - **hang your coat up** accroche ton manteau
   - **they hung the decorations up**
     ils ont suspendu les décorations
2. raccrocher
   - **after the phone call he hung up**
     après avoir parlé au téléphone, il a raccoché

head for se diriger vers
- **they're heading for the exit** ils se dirigent vers la sortie

hear from avoir des nouvelles de
- **I haven't heard from her for ages**
  je n'ai pas eu de ses nouvelles depuis très longtemps

hear of entendre parler de
- **I've never heard of him**
  je n'ai jamais entendu parler de lui

heat up
1. faire réchauffer
   - **I heated up the pizza in the oven**
     j'ai fait réchauffer la pizza au four
2. faire chauffer
   - **I heated up the milk** j'ai fait chauffer le lait
3. chauffer
   - **the water is heating up** l'eau chauffe

hold on
1. attendre
   - **hold on a minute!** attends une minute !

2. s'accrocher
- **hold on tight!** accroche-toi bien !
- **to hold on to something** s'accrocher à quelque chose

hold out tendre
- **he held out his hand** il a tendu la main

hold up
1. lever
- **she held up her hand** elle a levé la main

2. retarder
- **we were held up in a traffic jam**
  on a été retardés par un embouteillage

3. attaquer
- **three men held up the bank**
  trois hommes ont attaqué la banque

hurry up se dépêcher
- **hurry up!** dépêche-toi !

J

join in
1. participer
- **Clive wanted to join in** Clive voulait participer

2. participer à
- **everyone joined in the conversation**
  tout le monde a participé à la conversation

K

keep off
- **keep off the grass**
  il est interdit de marcher sur la pelouse

keep out
- **keep out!** défense d'entrer !

keep up suivre
- **don't go so fast, I can't keep up**
  ne va pas si vite, je n'arrive pas à suivre
- **he managed to keep up with the rest of the class**
  il est arrivé à suivre le reste de la classe

knock down renverser
- **he was knocked down by a car**
  il s'est fait renverser par une voiture

knock out
1. assommer
- **the thief knocked the guard**
  le voleur a assommé le gardien
2. éliminer
- **England knocked France out of the tournament**
  l'Angleterre a éliminé la France du tournoi

knock over renverser
- **I knocked the glass over** j'ai renversé le verre

know about
1. être au courant de
- **do you know about the accident?**
  tu es au courant de l'accident ?
2. s'y connaître en
- **he knows all about computers**
  il s'y connaît en informatique

L

laugh at se moquer de
- **he was laughing at me** il se moquait de moi

lean over se pencher
- **he leant over to speak to me**
  il s'est penché vers moi pour me parler

leave out oublier
- **you've left a word out** tu as oublié un mot

let down laisser tomber
- **she let me down at the last minute**
  elle m'a laissé tomber à la dernière minute

let in
1. faire entrer
- **he went to the door and let them in**
  il est allé à la porte et les a fait rentrer
2. laisser entrer
- **they wouldn't let us in the club**
  ils ne nous ont pas laissé entrer dans la boîte

let off
1. ne pas punir
- **I'll let you off this time, but don't do it again** je ne vais
  pas te punir cette fois-ci, mais ne recommence pas
2. faire partir, tirer
- **they let the fireworks off**
  ils ont fait partir les feux d'artifice

lie down s'allonger, se coucher
- **I want to lie down on the bed**
  je veux m'allonger sur le lit
- **go and lie down** va te coucher
- **to be lying down** ou **to be lying** être allongé
  Marcus was lying down Marcus était allongé
  she's lying on the sofa
  elle est allongée sur le canapé

line up faire la queue
- **the children are lining up** les enfants font la queue

lock in enfermer
- **they locked her in her room**
  ils l'ont enfermée dans sa chambre

lock out enfermer dehors
- **I've locked myself out** je me suis enfermé dehors

log in • log on se connecter

look after s'occuper de
- **he's looking after his little brother**
  il s'occupe de son petit frère

look around • look round 🎯

look at regarder
- **look at the pictures** regarde les images
- **he looked at her** il l'a regardée

look for chercher
- **I'm looking for my keys** je cherche mes clés

look forward to attendre avec impatience
- **I'm really looking forward to Christmas**
  j'attends Noël avec beaucoup d'impatience
- **I look forward to hearing from you**
  j'espère avoir bientôt de tes nouvelles

look out faire attention
- **look out!** attention !

look round 🎯 • **look around**
1. se retourner
- **he looked round when I called him**
  il s'est retourné quand je l'ai appelé

2. regarder
- **I'm just looking round** je regarde seulement

3. visiter
- **let's look round the museum** allons visiter le musée

look up

1. lever les yeux
- **I looked up when he came in**
  j'ai levé les yeux quand il est entré

2. chercher
- **look the word up in a dictionary**
  cherche ce mot dans un dictionnaire

M

make out

1. déchiffrer
- **I can't make out what the inscription says**
  je n'arrive pas à déchiffrer l'inscription

2. comprendre
- **I can't make out what they are saying**
  je ne comprends pas ce qu'ils disent

3. prétendre
- **she's not as rich as she makes out**
  elle n'est pas aussi riche qu'elle le prétend

make up

1. inventer
- **he made up an excuse** il a inventé une excuse

2. se réconcilier
- **they had an argument, but they've made up now** ils se
  sont disputés, mais ils se sont réconciliés maintenant
- **to make up one's mind** se décider

make up for

1. compenser
- **to make up for a loss** compenser une perte

2. rattraper
- **we must make up for lost time**
  il nous faut rattraper le temps perdu

mess about ✪ • mess around

1. faire l'imbécile
- **stop messing around!** arrête de faire l'imbécile !

2. s'amuser
- **the children are messing around in the garden**
  les enfants s'amusent dans le jardin

3. toucher à
- **don't mess around with my guitar**
  ne touche pas à ma guitare

mess up

1. mettre en désordre
- **he's messed up the kitchen**
  il a mis la cuisine en désordre

2. gâcher
- **that's messed up my plans** ça a gâché mes projets

3. bâcler
- **I really messed up my work** j'ai bâclé mon travail

miss out ✪ omettre, sauter
- **I missed out a word in this sentence**
  j'ai sauté un mot dans cette phrase

mix up

1. confondre
- **he mixed me up with my brother**
  il m'a confondu avec mon frère

2. embrouiller
- **you're mixing me up** tu m'embrouilles
- **I'm getting mixed up** je ne sais plus où j'en suis

3. mélanger
- **he's mixed up all the photos**
  il a mélangé toutes les photos

move forward avancer
- **the soldiers are moving forward**
  les soldats avancent

move in emménager
- **the new lodger has moved in**
  le nouveau locataire a emménagé

move off se mettre en route
- **the convoy moved off** le convoi s'est mis en route

move out déménager
- **he has moved out** il a déménagé

move over se pousser
- **move over, I don't have enough room**
  pousse-toi, je n'ai pas assez de place

muddle up
1. mélanger
- **you've muddled up my papers**
  tu as mélangé mes papiers
2. embrouiller
- **I'm getting muddled up** je m'embrouille
- **I got the names muddled up**
  je me suis embrouillé dans les noms

N

note down noter
- **I'll note it down** je vais le noter

nown up avouer
- **he owned up to taking the money**
  il a avoué avoir pris l'argent

part with se séparer de
- **I had to part with my favourite photo**
  j'ai dû me séparer de ma photo préférée

pass on transmettre
- **can you pass the message on?**
  tu peux transmettre le message ?

pass out s'évanouir
- **she passed out** elle s'est évanouie

pay back rembourser
- **I'll pay you back later** je te rembourserai plus tard

pay for payer
- **I've already paid for the meal** j'ai déjà payé le repas
- **he paid 20 euros for that shirt** il a payé cette chemise
  20 euros

peel off détacher
- **peel the label off** détache l'étiquette

phone back rappeler
- **I'll phone back tonight** je rappellerai ce soir

pick on s'en prendre à, harceler
- **they're always picking on him in school**
  ils s'en prennent tout le temps à lui à l'école

pick up
1. ramasser
- **he bent down and picked up the coin**
  il s'est penché pour ramasser la pièce
2. chercher
- **I'll come and pick you up at the station**
  je viendrai te chercher à la gare

3. apprendre
- **she has picked up a bit of Italian**
  elle a appris quelques mots d'italien

pile up
1. s'entasser, s'empiler
- **the dirty plates are piling up in the sink**
  les assiettes sales s'entassent dans l'évier
2. s'accumuler
- **the work is piling up** le travail s'accumule

plug in brancher
- **she plugged the television in**
  elle a branché la télévision

point out
1. montrer
- **he pointed out the opera house to me**
  il m'a montré l'opéra
2. faire remarquer
- **he pointed out that no one had paid**
  il a fait remarquer que personne n'avait payé

pop in passer
- **I'll pop in and see you** je passerai te voir

pull down
1. démolir
- **they pulled down the old building**
  on a démoli le vieil immeuble
2. baisser
- **pull the blind down** baisse le store

pull in s'arrêter
- **the bus pulled in** le bus s'est arrêté

pull out
1. arracher
- **the dentist pulled his tooth out**
  le dentiste lui a arraché une dent

2. retirer
- **he pulled something out of his pocket**
  il a sorti quelque chose de sa poche

pull through s'en sortir
- **don't worry, she'll pull through**
  ne t'inquiète pas, elle s'en sortira

pull up
1. remonter
- **he pulled his socks up** il a remonté ses chaussettes

2. s'arrêter
- **a car pulled up in front of the house**
  une voiture s'est arrêtée devant la maison

pump up gonfler
- **he's pumping up the tyres** il gonfle les pneus

push in resquiller
- **there was a long queue so they pushed in**
  il y avait une longue queue, alors ils ont resquillé

put away ranger
- **she put all her things away**
  elle a rangé toutes ses affaires

put back remettre
- **put the scissors back when you've finished with them**
  remets les ciseaux quand tu auras fini avec

put down poser
- **he put the gun down** il a posé son arme
- **to put the phone down** raccrocher
- **he put the phone down on me** il m'a raccroché au nez

put off

1. remettre à plus tard
- **the party has been put off**
  ils ont remis la fête à plus tard
2. dissuader
- **she tried to put him off taking the job**
  elle a essayé de le dissuader d'accepter le poste
3. dégoûter
- **it put me off mussels for life**
  ça m'a définitivement dégoûté des moules
4. 🌐 déranger
- **stop laughing, you're putting me off**
  arrête de rire, tu me déranges
5. éteindre
- **she put the TV off** elle a éteint la télé

put on

1. mettre
- **she put her hat on** elle a mis son chapeau
- **Sandra put a CD on** Sandra a mis un CD
- **put some sun cream on** mets de la crème solaire
2. allumer
- **put the TV on** allume la télé
- **I'll put the light on** je vais allumer
3. prendre
- **I've put on weight** j'ai pris du poids, j'ai grossi
4. monter
- **we're putting on a Christmas show**
  nous montons un spectacle de Noël
5. faire marcher
- **you're putting me on** tu me fais marcher
- **to put the brakes on** freiner
- **he's putting it on** il fait semblant

put out

1. éteindre
- put the lights out éteins les lumières

2. tendre
- he put his hand out il a tendu la main

3. sortir
- I'll put the rubbish out je vais sortir la poubelle

4. déranger
- I don't want to put you out je ne veux pas te déranger
- to be put out être contrarié
- he was really put out il était vraiment contrarié

put up

1. ériger
- they put up a statue of Joan of Arc
  ils ont érigé une statue de Jeanne d'Arc

2. monter
- where shall we put the tent up?
  où allons-nous monter la tente ?

3. mettre
- Perry put some posters up on his bedroom wall
  Perry a mis des posters au mur de sa chambre

4. augmenter
- they've put their prices up ils ont augmenté leurs prix

5. héberger
- can you put me up for the night? tu peux m'héberger
  pour la nuit ?
- to put one's hand up lever la main
- put your hand up if you know the answer
  lève la main si tu connais la réponse

put up with supporter
- I won't put up with this kind of behaviour
  je ne supporterai pas ce genre de comportement

reach out tendre la main
- he reached out and touched her arm
  il a tendu la main et lui a touché le bras

read out lire à haute voix
- she read a poem out in class
  elle a lu le poème à haute voix devant la classe

ring back 🕮 rappeler
- I'll ring you back tomorrow je te rappellerai demain

ring up 🕮 appeler, téléphoner à
- he rang me up last night
  il m'a appelé hier soir, il m'a téléphoné hier soir

roll up
1. rouler
- she rolled up the map elle a roulé la carte
2. retrousser
- Danny rolled up his sleeves
  Danny a retroussé ses manches

rub out effacer
- she rubbed the word out elle a effacé le mot

rule out exclure
- we can't rule out the possibility
  nous ne pouvons pas exclure cette possibilité

run away s'enfuir
- the thieves ran away les voleurs se sont enfuis
- to run away from home faire une fugue

run out s'épuiser
- **their supplies ran out** leurs provisions se sont épuisées
- **time's running out** il ne reste plus beaucoup de temps
- **I've run out of money** je n'ai plus d'argent

run over renverser, écraser
- **he was run over by a bus** il s'est fait renverser par un bus, il s'est fait écraser par un bus
- **to get run over** se faire renverser, se faire écraser

S

save up mettre de l'argent de côté
- **he's saving up to buy a guitar**
  il met de l'argent de côté pour s'acheter une guitare

search for chercher
- **I'm searching for my keys** je cherche mes clés

see off dire au revoir à
- **he saw me off at the airport**
  il est venu me dire au revoir à l'aéroport

see to s'occuper de
- **I can't close the door - I'll see to it**
  je n'arrive pas à fermer la porte - je m'en occuperai

sell out
- **all the tickets are sold out** tous les billets sont vendus
- **we're sold out of coffee** nous n'avons plus de café

send back renvoyer
- **if you don't want it, you can send it back**
  si tu ne le veux pas, tu peux le renvoyer

send for appeler, faire venir
- **I sent for the doctor**
  j'ai appelé le médecin, j'ai fait venir le médecin

send off expulser
● **Lomu has been sent off** Lomu a été expulsé

set off
1. partir, se mettre en route
● **they set off at dawn**
ils sont partis à l'aube, ils se sont mis en route à l'aube
2. faire partir
● **they set some fireworks off**
ils ont fait partir des feux d'artifice
3. faire exploser
● **they set the bomb off** ils ont fait exploser la bombe
4. déclencher
● **the burglar set the alarm off**
le cambrioleur a déclenché l'alarme

set out partir, se mettre en route

set up
1. créer
● **he set up a new business**
il a créé une nouvelle entreprise
2. installer
● **he set the computer up in his room**
il a installé l'ordinateur dans sa chambre
3. monter
● **set the tent up in the garden**
monte la tente dans le jardin

settle down
1. se calmer
● **settle down!** calmez-vous !
2. s'installer
● **she settled down in the armchair**
elle s'est installée dans le fauteuil

show off frimer
- **he's always showing off** il n'arrête pas de frimer

show up arriver
- **she hasn't shown up yet** elle n'est pas encore arrivée

shut up se taire
- **will you shut up!** tais-toi !

sit down s'asseoir
- **sit down!** assieds-toi !
- **he sat down in the armchair** il s'est assis dans le fauteuil

sleep in faire la grasse matinée

sleep over passer la nuit chez quelqu'un
- **I slept over at Patty's house** j'ai passé la nuit chez Patty

slow down ralentir
- **you're driving too fast, slow down** tu conduis trop vite, ralentis

sort out
1. ranger
   - **I'm going to sort out my room** je vais ranger ma chambre
2. régler
   - **he managed to sort the problem out** il a réussi à régler le problème
   - **is everything sorted out?** tout est réglé ?
3. s'occuper de
   - **I'll sort the tickets out** je m'occuperai des billets

speed up aller plus vite

● **can you speed up a bit?** tu peux aller un peu plus vite ?

spin around • spin round ✳

1. tourner
● **the moon spins around the earth**
la Lune tourne autour de la Terre

2. se retourner
● **she suddenly spun round**
elle s'est retournée brusquement

split up se séparer
● **the band split up last year**
le groupe s'est séparé l'année dernière

spread out se disperser
● **the search party spread out**
l'équipe de secours s'est dispersée

stand for

1. vouloir dire
● **what does FAQ stand for?** que veut dire FAQ ?

2. tolérer
● **I won't stand for this behaviour!**
je ne tolérerai pas ce genre de comportement !

stand out ressortir
● **the colours stand out against the background**
les couleurs ressortent sur le fond
● **she stands out in a crowd** on la remarque dans la foule

stand up se lever
● **stand up!** levez-vous !
● **she stood up when I came in**
elle s'est levée quand je suis entré

stand up for défendre
● **he stands up for his little brother**
il défend son petit frère

start off • start out partir
- **we started out at dawn** nous sommes partis à l'aube

stay away ne pas s'approcher
- **stay away from the door** ne t'approche pas de la porte

stay in rester chez soi
- **she stayed in yesterday** elle est restée chez elle hier

stay out ne pas rentrer
- **he stayed out all night** il n'est pas rentré de la nuit

stay up ne pas se coucher
- **she stayed up all night** elle ne s'est pas couchée cette nuit
- **I stayed up late** je me suis couché tard

step forward avancer
- **can you step forward a bit?** tu peux avancer un peu ?

stick out dépasser
- **your shirt is sticking out** ta chemise dépasse
- **to stick one's tongue out** tirer la langue
- **he stuck his tongue out** il a tiré la langue

stretch out
1. tendre
- **she stretched her hand out to take it**
  elle a tendu la main pour le prendre
2. allonger
- **he stretched his legs out** il a allongé ses jambes
3. s'allonger
- **they stretched out on the grass**
  ils se sont allongés sur l'herbe

sum up résumer

● **let's sum up** résumons

swell up enfler, gonfler
  ● **her face has swollen up** son visage a enflé

switch off
1. éteindre
  ● **I switched off the light** j'ai éteint la lumière
2. arrêter
  ● **he switched off the engine** il a arrêté le moteur

switch on
1. allumer
  ● **she switched the light on** elle a allumé la lumière
2. mettre en marche
  ● **I switched the engine on** j'ai mis le moteur en marche

T

take after tenir de
  ● **she takes after her grandmother**
    elle tient de sa grand-mère

take apart démonter
  ● **Jack took the car apart** Jack a démonté la voiture

take away
1. enlever, emporter
  ● **she took the plates away** elle a enlevé les assiettes
  ● **a chicken curry to take away**
    un curry de poulet à emporter
2. emmener
  ● **the police took him away** la police l'a emmené

take back rapporter
  ● **I took the jeans back to the shop**

j'ai rapporté le jean au magasin

take down
1. démonter
- **they took the tent down** ils ont démonté la tente

2. enlever
- **she took the poster down** elle a enlevé le poster

3. noter
- **he took down her name and address**
  il a noté son nom et son adresse

take off
1. décoller
- **the plane takes off at 5 a.m.** l'avion décolle à 5 heures

2. enlever
- **she took her shoes off** elle a enlevé ses chaussures
- **to take one's clothes off** se déshabiller
- **he took his clothes off** il s'est déshabillé

take out
1. sortir
- **he took the gun out of the drawer**
  il a sorti l'arme du tiroir

2. retirer
- **I'm going to take some money out of the bank**
  je vais retirer de l'argent à la banque
- **to take somebody out to dinner**
  emmener quelqu'un dîner

take up
1. se mettre à
- **he's taken up golf** il s'est mis au golf

2. prendre
- **that box takes up too much room**
  ce carton prend trop de place

tear down démolir
- **they're going to tear the old factory down**

ils vont démolir la vieille usine

tear out arracher
- **I tore the page out** j'ai arraché la page

tear up déchirer
- **he tore up the letter** il a déchiré la lettre

tell off gronder
- **my teacher told me off** ma maîtresse m'a grondé

think about
1. penser à
- **what are you thinking about?** à quoi tu penses ?
- **I'm thinking about the party** je pense à la fête
2. penser de
- **what did you think about the film?**
  qu'as-tu pensé du film ?
3. réfléchir à
- **I'll think about what you said**
  je réfléchirai à ce que tu m'as dit
- **I'll think about it** j'y réfléchirai

think of penser de
- **what do you think of her?** que penses-tu d'elle ?

throw away jeter
- **I threw my ticket away** j'ai jeté mon billet

throw out
1. jeter
- **I'm going to throw this stale bread out**
  je vais jeter ce pain rassis
2. mettre à la porte
- **they threw him out** ils l'ont mis à la porte

throw up vomir
- **he threw up** il a vomi

tidy up ranger
- **help me to tidy up** aide-moi à ranger

tie up
1. ficeler
- **she tied the package up with ribbon**
  elle a ficelé le paquet avec du ruban
2. attacher
- **they tied up the prisoner** ils ont attaché le prisonnier

tip over
1. renverser
- **she tipped the bottle over** elle a renversé la bouteille
2. se renverser
- **the glass tipped over** le verre s'est renversé

toss away • toss out jeter
- **you can toss those old magazines out**
  tu peux jeter ces vieux magazines

try on essayer
- **try this hat on** essaie ce chapeau

turn around • turn round 🌐
1. se retourner
- **he turned around when I came in**
  il s'est retourné quand je suis entrée
2. faire demi-tour
- **the car turned around** ou **he turned the car around**
  il a fait demi-tour
3. tourner
- **the wheel turned around** la roue a tourné
4. tourner dans l'autre sens
- **they turned the table around**
  ils ont tourné la table dans l'autre sens

turn back faire demi-tour
- **we walked for an hour and then turned back**
  nous avons marché pendant une heure et puis nous
  avons fait demi-tour

turn down rejeter
- **they turned my offer down** ils ont rejeté mon offre

turn into
1. changer en, transformer en
- **the witch turned the prince into a frog**
  la sorcière a changé le prince en grenouille,
  la sorcière a transformé le prince en grenouille
2. se transformer en
- **the caterpillar turned into a butterfly**
  la chenille s'est transformée en papillon

turn off éteindre
- **turn the TV off** éteins la télé

turn on allumer
- **turn the radio on** allume la radio
- **he turned the light on** il a allumé la lumière

turn over
1. retourner
- **he turned his cards over** il a retourné ses cartes
2. se retourner
- **she turned over and went back to sleep**
  elle s'est retournée et s'est rendormie
3. 🌐 changer de chaîne
- **this film is no good, let's turn over**
  ce film est nul, changeons de chaîne

turn round 🌐 ☞ **turn around**

157

turn up
1. mettre plus fort
- **turn the music up** mets la musique plus fort

2. venir, arriver
- **he didn't turn up** il n'est pas venu
- **don't worry, it'll turn up**
  ne t'inquiète pas, tu vas le retrouver

wait for attendre
- **wait for me!** attends-moi !
- **he's waiting for the bus** il attend le bus

wake up
1. réveiller
- **can you wake me up in the morning?**
  peux-tu me réveiller demain matin ?

2. se réveiller
- **I woke up at seven** je me suis réveillé à sept heures

walk out partir
- **he just got up and walked out** il s'est levé et il est parti

warm up
1. réchauffer, faire réchauffer
- **I'll warm up some apple pie**
  je vais réchauffer de la tarte aux pommes,
  je vais faire réchauffer de la tarte aux pommes

2. se réchauffer
- **come and warm up in front of the fire**
  viens te réchauffer devant le feu

3. s'échauffer
- **the athletes are warming up** les athlètes s'échauffent

wash up

1. ⬤ faire la vaisselle
   - **can you wash up?** tu peux faire la vaisselle ?

2. ⬤ se laver
   - **go and wash up before dinner**
     va te laver avant de manger

watch out faire attention
   - **watch out, there's a car coming!**
     fais attention, il y a une voiture !

wear out

1. user
   - **I've worn out my shoes** j'ai usé mes chaussures
2. s'user
   - **my shoes wear out quickly**
     mes chaussures s'usent vite
3. épuiser
   - **that journey has worn me out** ce voyage m'a épuisé

wind up se retrouver
   - **he wound up in jail** il s'est retrouvé en prison

wipe up essuyer
   - **she wiped up the coffee** elle a essuyé le café

work out

1. trouver
   - **I've worked out the answer** j'ai trouvé la réponse
2. résoudre
   - **have you worked out the answer?**
     as-tu résolu le problème ?
3. calculer
   - **I'll work out the total** je vais calculer le total
4. comprendre
   - **I can't work it out** je ne comprends pas

5. se passer
- **everything worked out well** tout s'est bien passé

6. faire de l'exercice
- **he works out every morning**
  il fait de l'exercice tous les matins

write back répondre
- **I sent her a letter but she didn't write back**
  je lui ai envoyé une lettre mais elle n'a pas répondu

write down noter
- **he wrote down everything I said**
  il a noté tout ce que je lui ai dit

LES MOTS-CLÉS

En anglais, l'article indéfini est
● a - devant un nom commençant par une consonne :
a game ; a month ; a new boat ;
– devant une semi-consonne (u, y, w) :
a university ; a union ; a year ;
● an - devant un nom commençant par une voyelle :
an apple ; an egg ; an old boat ;
– devant un h muet : an hour ; an honour.

un - une

is it a bird or a plane? *c'est **un** oiseau ou **un** avion ?*
I've bought a car *j'ai acheté **une** voiture*

she ate an orange for breakfast
*elle a mangé **une** orange pour le petit déjeuner*

Observez !

it costs a hundred pounds *cela coûte **cent** livres*
it costs a thousand euros *cela coûte **mille** euros*

A

MOTS-CLÉS

s'utilise devant un nom de profession

he is a **doctor** il est médecin
she is a **lawyer** elle est avocate

pour exprimer la fréquence

he plays rugby twice **a** week
il joue au rugby **deux fois par semaine**

pour exprimer le prix

it costs 20p **a** kilo ça coûte **20p le kilo**

pour exprimer la vitesse

the speed limit is 50 miles **an** hour
la limite de vitesse est de **75 km à l'heure**

s'utilise parfois devant des noms de personnes quand on ne les connaît pas

there's **a** Mrs Jones to see you **une certaine Madame Jones** demande à vous voir

a ou one ?
Attention à ne pas confondre l'article indéfini (a et an) et le chiffre one. Comparez par exemple :
an ice box is no good – you need a deep freeze
(ice box contraste avec deep freeze)
et
one ice box is no good – we've got enough food to fill three
(one contraste avec three).

si c'est une préposition

indique un thème, un sujet

I'm reading a book about magic *je lis un livre **sur** la magie*
what is it about? ***de quoi** s'agit-il ?*
what are you talking about? ***de quoi** parlez-vous ?*
they are talking about cinema *ils **parlent de** cinéma*
his parents worry about him
*ses parents s'inquiètent **à son sujet***

indique la proximité dans l'espace

I left it about here *je l'ai laissé **par** ici*

indique l'éparpillement

his belongings were scattered about the room
*ses affaires étaient éparpillées **dans toute la pièce***
to walk about the town *se promener **dans la ville***
to wander about the streets *errer de **par les rues***

si c'est un adverbe

indique l'approximation

she has got about 200 books *elle a **environ** 200 livres*
let's meet at about five o'clock
*retrouvons-nous **vers** cinq heures*
I'm just about ready *je suis **presque** prêt*

indique la proximité géographique

he's somewhere about
*il est **dans les parages** ou **quelque part par ici***

indique l'éparpillement

he left his books lying about
*il a laissé traîner ses livres **partout***

he was throwing his arms about in despair
*de désespoir, il agitait les bras **dans tous les sens***

être sur le point de

to be about to + verbe

I was about to leave when the phone rang
***j'étais sur le point de partir** quand le téléphone a sonné*

On utilise be about to pour dire que quelque chose
est sur le point de se produire.

ABOUT

What about...?
ou how about...?   *et si...?*

what about going to the movies? *et si on allait au cinéma ?*

> **What about** et **how about** servent, en anglais
> parlé, à émettre une suggestion.
> Ils peuvent être suivis :
>
> ● **d'un nom**
>   what about **a game of cards?**
>   how about **a game of cards?**
>   *si on jouait aux cartes ?*
>
> ● **d'un pronom**
>   what about **this one?**
>   how about **this one?**
>   *et celui-là ?*
>
> ● **d'un participe présent (verbe en -ing)**
>   what about **going to the cinema?**
>   how about **going to the cinema?**
>   *si on allait au cinéma ?*

AGAIN

encore – encore une fois

try calling him again *essaie de le rappeler (encore)*
tell me again! *dis-le-moi encore une fois !*

> *Again* est souvent traduit en français par des verbes commençant par re- :
> **she began again** *elle a recommencé*
> **don't do it again !** *ne recommence pas !*
> **I'd like to see you again** *j'aimerais te revoir*
> **can you say that again please?**
> *pouvez-vous répéter s'il vous plaît ?*

à plusieurs reprises

again and again

he tried again and again *il a essayé à plusieurs reprises*

> Attention à ne pas confondre *again* et *back*, adverbes dont les sens sont proches mais l'utilisation différente :
> ● *again* signifie *encore, une autre fois* :
> **don't do it again or you'll be in trouble**
> *ne recommence pas ou tu auras des ennuis*
> ● *back* implique un retour à un état précédent :
> **put it back in the closet** *remets-le dans le placard*
> *Back* sert aussi à exprimer l'idée de *rendre* quelque chose à quelqu'un :
> **give it back to me right now!** *rends-le-moi immédiatement*
> Attention à ne pas confondre *again* et *still* :
> ● *again* indique une répétition :
> **he's late again** *il est encore en retard*
> ● *still* indique une continuité :
> **he's still working** *il travaille encore*   *Voir aussi* even.

AGO

il y a...

it was a long time ago
*c'était **il y a longtemps***

she left three years ago
*elle est partie **il y a trois ans***

Voir aussi there.

> Ago se place directement après une expression temporelle (half an hour ago). Le verbe peut être soit au prétérit (the bus left 20 minutes ago), soit au prétérit en be + ing (I was living abroad five years ago).
> Dans les questions, on utilise how long ago :
> how long ago did this happen?

Voir aussi for *et* since.

ALL

si c'est un adjectif ou un pronom

tout – toute – tous – toutes

she laughs all the time *elle rit **tout le temps***
they danced all night *ils ont dansé **toute la nuit***
all the girls were laughing ***toutes les filles** riaient*
he lost all his money *il a perdu **tout son argent***
we all want to help *nous voulons **tous** aider*
I've invited all of them *je les ai **tous** invités*
all you need is love! *tout ce qu'il te faut, c'est de l'amour !*
that was all he said *c'est tout ce qu'il a dit*

si c'est un adverbe

tout

he was all wet *il était tout mouillé*
they were all excited *ils étaient tout énervés*
tell me all about it *raconte-moi tout*

partout the score was 3 all *on en était à 3 partout*

tout seul

all alone

the boys are all alone *les garçons sont **tout seuls***
she was all alone *elle était toute seule*

ALL

pas du tout

not at all

I didn't like the film at all *je n'ai pas du tout aimé le film*

d'autant plus

all the more

it's all the more difficult *c'est d'autant plus difficile*

Il ne faut pas confondre all, each et every.
- All est le seul de ces adjectifs qui puisse s'utiliser avec des noms au pluriel ou indénombrables (all students ; all money) ; il peut aussi précéder des noms dénombrables au singulier qui expriment une période de temps (all day).
- Each et every, en revanche, ne peuvent s'utiliser qu'avec des noms dénombrables au singulier (each person ; every town).
All et each sont également des pronoms (I want all of it ⇨ je le veux tout entier ; we got one each ⇨ nous en avons eu un chacun), ce qui n'est pas le cas de every.
All et each peuvent être placés après des pronoms personnels tels que we, you, they, etc. (we all went swimming ; I gave them one each).

Voir aussi each *et* every.

ANY

si c'est un adjectif

have you got any money? *est-ce que vous avez **de l'argent** ?*

have you got any cousins? *est-ce que vous avez **des cousins** ?*

if you see any errors, please report them
*si vous trouvez **des erreurs**, veuillez nous les indiquer*

dans des phrases négatives pour
nier l'existence d'une quantité

I haven't got any money *je n'ai pas **d'argent***

I haven't got any tickets *je n'ai pas **de billets***

he never does any work *il ne travaille jamais*
Voir aussi some **et** no.

any ou no ?
Pour former une phrase négative, vous pouvez utiliser :
● le verbe à la forme négative + *any*
there isn't any beer left
● le verbe à la forme affirmative + *no*
there is no beer left il n'y a plus de bière

pour indiquer que n'importe quel élément convient

any box will do ***n'importe quelle boîte** fera l'affaire*

come at any time *venez **à n'importe quelle heure** ;*
venez quand vous le souhaitez

any other person would have refused
***toute autre personne** aurait refusé*

171

ANY

si c'est un pronom *en*

do you have any? *est-ce que vous **en** avez ?*
is there any left? *est-ce qu'il **en** reste ?*

I didn't buy any (of them) *je n'**en** ai pas acheté*
I don't have any *je n'**en** ai pas*

> I DIDN'T KNOW ANY OF THE GUESTS
> *JE NE CONNAISSAIS **AUCUN** DES INVITÉS*

take any you like
*prenez **n'importe lequel** ou **n'importe laquelle***
prenez celui ou celle que vous voulez

any of the suspects would fit that description
***n'importe lequel** des suspects pourrait correspondre à cette description*

ANY

si c'est un adverbe

dans des phrases interrogatives, pour insister

is that any better?
*est-ce que c'est **mieux** comme ça ?*

is that any clearer?
*est-ce que c'est **plus clair** comme ça ?*

dans des phrases négatives

I can't see it any more
*je ne le vois **plus***

I can't stand it any longer
*je ne peux **plus** le supporter*

> **Attention !**
> En anglais britannique, any more s'écrit habituel-
> lement en deux mots.
> En anglais américain, il s'écrit en un seul mot :
> she doesn't live here anymore
> *elle n'habite plus ici*

si c'est une conjonction

exprime la simultanéité

she rang (just) as I was leaving
*elle m'a téléphoné juste **au moment où je partais***

he met her as he was going to the cinema
*il l'a rencontrée **alors qu'il allait au cinéma***

exprime un changement graduel

he grew grumpier as he got older
*il devenait de plus en plus grognon **en vieillissant***

as time goes by
à mesure que le temps passe
avec le temps

exprime la cause

as it's snowing, we'd better stay at home
***comme** il neige, nous ferions mieux de rester à la maison*

as you were out, I left a message
***puisque** tu n'étais pas là, j'ai laissé un message*

exprime la conformité

as you know, he is always late
comme tu le sais, il est toujours en retard

do as I say *fais ce que je (te) dis*

AS

exprime une opposition

long as it was, I didn't find the lesson boring
bien que la leçon ait été longue, *je ne me suis pas ennuyé*

amazing as it may seen, he stayed home last night
aussi étonnant que cela puisse paraître, *il est resté chez lui hier soir*

si c'est une préposition

indique une fonction, un rôle

she works as a nurse *elle est infirmière*
I'm speaking as your friend *je te parle en ami*

en tant que

it could be used as evidence against him
cela pourrait être utilisé comme preuve contre lui
it came as a shock *cela nous a fait un choc*

---

as ... as ...

As... as s'utilise dans les comparaisons, pour exprimer l'égalité.
● Dans la langue de tous les jours, on le fait suivre d'un pronom objet tel que me, him, her, etc. :
  she's as tall as me
● Dans la langue soutenue, il peut être suivi d'un pronom sujet tel que I, he, she, etc. et, éventuellement, d'un deuxième verbe :
  she's not as tall as I ou she's not as tall as I am

175

Dans les comparatifs d'égalité, la construction est la même quelle que soit la longueur de l'adjectif :
as tall as ou as comfortable as

he's as tall as I am *il est **aussi grand que** moi*

he runs as fast as his sister *il court **aussi vite que** sa sœur*

as much wine as ***autant de** vin **que***

as many chocolates as ***autant de** chocolats **que***

she's twice as nice as her brother
*elle est **deux fois plus gentille que** son frère*

UNE EXPRESSION À RETENIR EST AS SOON AS POSSIBLE QUI SIGNIFIE DÈS QUE POSSIBLE. PAR EXEMPLE :
I'LL COME AS SOON AS POSSIBLE
JE VIENDRAI DÈS QUE POSSIBLE

NOTEZ, QU'IL EXISTE UNE ABRÉVIATION TRÈS COURANTE DE CETTE EXPRESSION, EMPLOYÉE DANS LES E-MAILS OU LES TEXTOS PAR EXEMPLE :
ASAP

as for
as for desert, there's some ice-cream in the freezer
***pour ce qui est du dessert**, il y a de la glace au congélateur*

176

as from ou as of

> indique un point de départ dans le temps

as of yesterday *depuis* hier

your ticket is valid **as of** Monday
*votre ticket sera valable **à partir de** lundi*

as if ou as though

as if it mattered! *comme si* ça avait de l'importance !

it looks **as if** it will rain ou
it looks **as though** it will rain
on dirait qu'il va pleuvoir

> As if et as though ont le même sens. Si la personne
> qui parle a de sérieux doutes quant à la véracité de
> la comparaison, ou si elle est certaine que la compa-
> raison n'est pas vraie, elle peut utiliser un verbe au
> prétérit (modal) :
>
> She went pale as if ou
> as though she were about to faint.

as to

> en ce qui concerne – au sujet de

I'm still uncertain **as to** his motivation
*j'ai toujours des doutes **en ce qui concerne** ou
au sujet de sa motivation*

they're at school *ils sont à l'école*

John's at work *John est au travail*

we arrived late at the airport
nous sommes arrivés en retard à l'aéroport

the film starts at 8 o'clock *le film commence à 8 heures*

she left the party at midnight *elle a quitté la fête à minuit*

at Christmas *à Noël*

she was driving at 100 miles an hour
elle conduisait à 160 km à l'heure

> AT NIGHT ⇨ LA NUIT
>
> OWLS HUNT AT NIGHT LES HIBOUX CHASSENT LA NUIT
>
> AT THE WEEKEND ⇨ LE WEEK-END
>
> WHAT DID YOU DO AT THE WEEEND?
> QU'EST-CE QUE TU AS FAIT CE WEEK-END ?

chez

I was at home last night *j'étais **chez moi** hier soir*

we stayed at home *nous sommes restés **chez nous***

he's at the doctor's *il est **chez le médecin***

Attention à ne pas confondre at, in et on, qui apparaissent tous dans des expressions temporelles.

● At s'utilise avec des heures ou des moments précis (at nine o'clock ; at lunch time), avec les noms de certaines fêtes officielles (at Christmas ; at New Year ; at Easter), et enfin avec les mots weekend et night (what did you do at the weekend? ; I do my homework at night).

● In précède les noms de mois (in September), les années (in 1966), les siècles (in the 17th century) et les saisons (in spring).
On trouve aussi in dans des expressions contenant les mots morning, afternoon, etc. (in the evening we like to go out ; I'll call you in the afternoon).

● On est associé à un jour ou une date spécifique (on Christmas Day ; on March 8th, 1998 ; on Monday I went swimming), ou bien à un jour en général pour exprimer la répétition (on Sundays I visit my grandparents).
On le trouve également dans des expressions contenant les mots morning, afternoon, etc., lorsqu'elles contiennent des informations supplémentaires (on Saturday morning ; on wet afternoons).

BE

PRÉTÉRIT : WAS (À LA 1RE ET 3^E PERSONNE DU SINGULIER),
WERE (À TOUTES LES AUTRES PERSONNES)

PARTICIPE PASSÉ : BEEN

si c'est un verbe lexical *être*

to be a doctor *être médecin*

to be seriously ill *être gravement malade*

he's very happy *il est très heureux*

she's intelligent *elle est intelligente*

it's over there *c'est là-bas*

it's me *c'est moi*

it's Paul *c'est Paul*

I've been to the cinema *j'ai été ou je suis allé au cinéma*

pour indiquer l'heure

what time is it? *quelle heure est-il ?*

it's two o'clock *il est deux heures*

WHERE ARE YOU FROM?
TU ES D'OÙ OU *TU VIENS D'OÙ ?*
VOUS ÊTES D'OÙ OU *VOUS VENEZ D'OÙ ?*
HE'S ITALIAN *IL EST ITALIEN*
TOULOUSE IS IN FRANCE
TOULOUSE SE TROUVE EN FRANCE
TOULOUSE EST EN FRANCE

avoir

pour indiquer l'âge

how old are you? *quel âge as-tu ?*
I'm 20 years old ou **I'm 20** *j'ai 20 ans*

pour décrire un état

he's hungry *il a faim*
she's thirsty *elle a soif*
are you cold? *tu as froid ?*
I'm cold *j'ai froid*
I'm hot *j'ai chaud*

> **HOW ARE YOU?** *COMMENT ALLEZ-VOUS ?*
> **SHE'S BETTER NOW** *ELLE VA MIEUX MAINTENANT*

coûter – faire

pour indiquer le prix

how much was it? *combien cela a-t-il coûté ?*
that will be £10 *cela fait 10 livres*

pour parler du temps

it's hot *il fait chaud*

181

BE

it's cold *il fait froid*
it's windy *il y a du vent*

pour indiquer la mesure, la distance

how tall is he? *combien tu mesures ?*
the table is one metre long *la table fait 1 mètre de long*
it's 3 km to the next town *la ville voisine est à 3 km*

pour donner un ordre

be quiet! *silence !*
be careful! *fais attention ! faites attention !*

> BE THAT AS IT MAY *QUOI QU'IL EN SOIT*
> THERE YOU ARE!
> AH, TE VOILÀ ! AH, VOUS VOILÀ !
> TIENS ! TENEZ !

si c'est un verbe auxiliaire

combiné avec le participe présent, pour composer la forme en « be + ing »

what is he doing? *qu'est-ce qu'il fait ?*

it was snowing *il neigeait*

they've been promising reform for years
ça fait des années qu'ils nous promettent des réformes

BE

combiné avec le participe présent, pour exprimer le futur

I'm going to London next week
la semaine prochaine, je vais à Londres

I'll be coming back next Friday
je serai de retour vendredi prochain

Paul's leaving tomorrow morning *Paul part demain matin*

combiné avec le participe passé, pour former le passif

to be loved *être aimé(e)*

dans les « tags » quand la phrase de départ comprend une forme de « be »

the meal was delicious, wasn't it?
le repas était délicieux, non ?

were you late? — no, I wasn't *tu étais en retard ? — non*

suivi de « to » + infinitif, exprime généralement un évènement prévu, un engagement

I'm to be promoted *je vais avoir de l'avancement*
you're not to tell anyone *ne le dis à personne*
there was no one to be seen *il n'y avait personne*

---

there is • there are   *il y a*

is there a café nearby? *il y a un café dans le coin ?*

183

● Be est un verbe à part entière, doté de sens propres, et qui peut donc apparaître seul. Il remplit en outre la fonction d'auxiliaire, notamment dans la formation des temps progressifs (why are you staring at me?) et des constructions passives (my suit is being mended).

Notez bien que be s'utilise souvent pour traduire *avoir* ou *faire*, par exemple :

1) lorsque l'on décrit des sensations ou des attitudes :

> I'm cold = *j'ai froid*
>
> are you hungry? = *as-tu faim ?*
>
> she's right = *elle a raison*

2) pour parler du temps qu'il fait

> it's sunny = *il fait beau*

● Be to sert à exprimer l'idée d'un projet ou d'une tâche prévus par une personne autre que le sujet de la phrase :

> we're to meet at 10 o'clock

Son équivalent au prétérit, was to / were to, peut exprimer l'idée de quelque chose qui devait fatalement se produire :

> he was to become president at the age of 39

BETTER

si c'est un adjectif, c'est le comparatif de supériorité de good *meilleur*

this method is better than the other
*cette méthode est **meilleure que** l'autre*

si c'est un adverbe, c'est le comparatif de supériorité de well *mieux*

she sings better than I do *elle chante **mieux que** moi*
I feel much better now *je me sens **beaucoup mieux** maintenant*

---

to get better *s'améliorer*

the weather is getting better *le temps s'améliore*

se remettre he's getting better after his operation
il se remet après son opération

had better

● sert à donner un conseil : you'd better leave soon!
● peut également impliquer une menace ou un avertissement :
you'd better not forget or she'll be angry
I'd better go home *je ferais mieux de rentrer*
you'd better leave *tu ferais mieux de partir*
Attention ! dans la phrase I'd better go home
⇨ I'd better = I had better
dans la phrase I'd rather go home
⇨ I'd rather = I would rather

185

BIT

A bit peut être :
- un adverbe (he's a bit shy)

  ou
- un pronom (would you like some cake? — yes, just a bit).

Si on veut l'utiliser directement devant un nom, il faut ajouter of :

a bit of paper un bout de papier

a bit of cheese un morceau de fromage

A bit et a bit of ont la même signification que a little, mais appartiennent à un registre moins soutenu.

a bit *un peu*

I'm a bit tired *je suis un peu fatigué*

FOR A BIT PENDANT QUELQUE TEMPS

HE DIDN'T SAY ANYTHING FOR A BIT

IL N'A RIEN DIT PENDANT QUELQUE TEMPS

a bit of *un peu de*

he has a bit of money *il a un peu d'argent*

Attention !

N'oubliez pas que bit est aussi le passé de bite :

the dog bit the postman *le chien a mordu le facteur*

BOTH

les deux – tous les deux – toutes les deux

both of the girls are Spanish ou **both girls are Spanish**
les deux filles sont espagnoles

both his cars are old
ses voitures sont vieilles toutes les deux

both of them are coming *ils viennent tous les deux*

the girls were both hungry
les filles avaient faim toutes les deux

L'adjectif both peut apparaître :
● soit devant un nom dénombrable au pluriel
(both girls are clever) ;
● soit devant deux noms dénombrables au
singulier (both my brother and my sister are
coming).
Dans les deux cas le verbe est au pluriel.

☞ **En tant qu'adjectif,**
both peut être suivi directement :
● du nom qu'il qualifie (both cars need
repairing) ;
● de the (both the cars need repairing) ;
● d'un adjectif possessif tel que my, your, his, etc.
(both my cars need repairing) ;
● de this/these ou that/those (both these cars need
repairing).

☞ **En tant que pronom,** both peut être utilisé
● seul (I like them both ; both speak English) ;
● devant of, lui-même suivi d'un pronom objet tel
que us, you ou them (both of them speak English).

BUT

si c'est une conjonction _mais_

I'm sorry, but I don't agree
je suis désolé, **mais** je ne suis pas d'accord

he's not Chinese but Japanese
il n'est pas chinois **mais** japonais

si c'est une préposition

_avec « all », « every », « any », « no »
et leurs composés, exprime une restriction_

everyone was at the party but Jane
**tout le monde** était à la soirée **sauf** Jane

Spain won all but one of its matches
l'Espagne a gagné **tous** ses matchs **sauf un**

he has no one but himself to blame
il ne peut s'en prendre qu'à lui-même

si c'est un adverbe, son emploi est soutenu

seulement

she's but a child _ce n'est qu'une enfant_
we can but try _on peut toujours essayer_
had I but known! _si j'avais su !_

---

but for _sans_

but for you, I would never have succeeded
sans vous, je n'aurais jamais réussi

c'est une préposition *par*

by cheque **par chèque**
by mistake **par erreur**

au passif, introduit un complément d'agent

she was killed by a mad man *elle a été tuée **par** un fou*

en

introduit un moyen de transport

he generally travels by bus/by train/by plane/by ship
*il voyage généralement **en bus/en train/en avion/en bateau***

suivi d'un verbe + ing, introduit un moyen

by doing a lot of sport, you can keep fit
*vous pouvez garder la forme **en faisant beaucoup de sport***

de

introduit l'auteur d'une œuvre

it's a book by Toni Morrison *c'est un livre **de** Toni Morrison*
it's a film by Jane Campion *c'est un film **de** Jane Campion*
it's a poem by Shakespeare
*c'est un poème **de** Shakespeare*

pour décrire une personne

he's a lawyer by trade *il est avocat **de son métier***
by nature, she's very patient *elle est très patiente **de nature***

pour exprimer une différence, un écart

she won by five points *elle a gagné **de cinq points***
the bullet missed me by inches
*la balle m'a raté **de quelques centimètres***

pour indiquer les moments de la journée

we travelled by night and rested by day
*nous voyagions **de nuit** et nous nous reposions le jour*

avant indique une limite temporelle

I'll be there by eight *j'y serai **avant huit heures***
applications must be submitted by November 27
*les candidatures doivent nous parvenir **avant le 27 novembre***

indique une proximité

he was sitting by the fire *il était assis **près du feu***
come and sit by me *viens t'asseoir **près de moi***
she lives by the sea *elle habite **au bord de la mer***
she passed by me without seeing me
***elle est passée à côté de moi** sans me voir*

indique une conformité avec...

by my calculations *d'après mes calculs*
by my watch it's 9 o'clock *à ma montre, il est neuf heures*
by law *conformément à la loi*

pour donner son avis

if that's okay by you, I'd like to leave now
si cela vous va, je souhaiterais partir maintenant
that's fine by me *je n'ai rien contre*

dans des expressions de calcul, de mesure, de quantité

divide/multiply 20 by 2 *divisez/multipliez 20 par 2*
2 metres by 4 *2 mètres sur 4*
this fabric is sold by the yard *ce tissu se vend au mètre*
the company decided to cut prices by 50%
l'entreprise a décidé de réduire les prix de 50 %
that organization trained terrorists by the thousands
cette organisation a formé des terroristes par milliers

pour exprimer la fréquence

the workers are paid by the day|by the week
les travailleurs sont payés à la journée|à la semaine

pour indiquer un processus graduel

she grew thinner day by day *elle mincissait de jour en jour*
one by one, they told their amazing stories
l'un après l'autre, ils racontèrent leurs histoires fantastiques

BY

all by oneself

tout seul – toute seule

he did it all by himself *il l'a fait **tout seul***
she was all by herself *elle était **toute seule***

---

by the by

that's by the by *ça n'a pas d'importance*

---

by the way

à propos

by the way, are you coming tonight?
***à propos**, tu viens ce soir ?*

> **by et with**
> Dans les constructions passives, l'agent, c'est-à-dire la personne ou la chose qui exécute l'action, est introduit par by :
>   the tickets were booked by my mother
>   I was hurt by what he said
> L'instrument – la chose utilisée pour exécuter l'action – est introduit par with :
>   he was killed with a knife

CAN

> *CONDITIONNEL ET PRÉTÉRIT* : COULD ;
> *FORME NÉGATIVE* CANNOT ET CAN'T
> CAN A POUR ÉQUIVALENT BE ABLE TO (CAPACITÉ), BE ALLOWED
> TO (AUTORISATION, PERMISSION)

c'est un auxiliaire modal | pouvoir

pour demander ou donner une permission

can I speak to John, please?
*est-ce que je **peux** parler à John, s'il vous plaît ?*

you can use my car if you like
*tu **peux** prendre ma voiture si tu veux*

exprime une possibilité (une impossibilité avec « can't »)

can you come to lunch? *tu **peux** venir déjeuner ?*

Peter can't come on Saturday
*Peter **ne peut pas** venir samedi*

avec « could », indique une possibilité de façon polie

I could see you tomorrow *je **pourrais** vous voir demain*

savoir | indique une capacité

can you drive? *tu **sais** conduire ?*

I can't cook *je **ne sais pas** cuisiner*

she can speak three languages *elle parle trois langues*

193

CAN

I can't **see** *je ne vois pas*

can you **hear** me? *tu m'entends ?*

can you **smell** something? *tu sens quelque chose ?*

I can't **feel** anything *je ne sens rien*

indique une probabilité

what can she have **done** with it?
qu'est-ce qu'elle a bien pu en faire ?

you can't be serious! *tu ne parles pas sérieusement !*

Voir aussi may **et** must.

> ### Faisons le point...
> Can s'utilise dans les questions, pour demander
> la permission de faire quelque chose ou pour faire
> une demande :
> > can you tell me the way to the station?
>
> Could remplit la même fonction, mais dans les
> contextes où l'on veut être particulièrement poli :
> > could you help me with this, please?
>
> Avec les verbes de perception tels que hear (entendre)
> ou see (voir), feel, understand, il est courant de
> faire précéder le verbe de can ou can't, qui ne se
> traduisent pas en français :
> > can you hear something?
> > *est-ce que tu entends quelque chose ?*
> > I can't see the house from here
> > *je ne vois pas la maison d'ici*

Can et can't apparaissent aussi dans des phrases comme I can speak English ou I can't swim, pour dire que l'on sait faire quelque chose.

May I smoke in here? et can I smoke in here? ont tous deux la même signification, mais may relève d'une langue un peu plus soutenue.

Can n'existe qu'au présent. On forme les autres temps à partir de l'expression be able to :

> I can't do it now, but maybe
> I'll be able to on Sunday

On peut tout de même utiliser could comme passé de can, lorsque l'on veut parler de choses que l'on était capable de faire, de façon générale, dans le passé :

at one time, I could run 100 metres in 11 seconds
avant, je courais le 100 mètres en 11 secondes

Normalement, could ne sert pas à parler de ce que l'on a eu la possibilité de faire à un moment donné du passé ; il faut employer be able to à la place :

she was able to visit him last week
elle a pu lui rendre visite la semaine dernière

PRÉTÉRIT : DID ; **PARTICIPE PASSÉ :** DONE

Do est un verbe à part entière, doté de sens propres, et qui peut donc apparaître seul. Il remplit en outre la fonction d'auxiliaire, notamment pour former les questions (do you watch much television?) et les tournures négatives (I didn't see him at school today), lorsque la phrase n'a pas d'auxiliaire. On peut également utiliser do lorsque l'on veut insister sur quelque chose (you're wrong – I do know her).

si c'est un auxiliaire, il s'utilise...

pour former des phrases négatives dans les phrases qui ne comportent pas d'auxiliaire

I don't want to come *je **ne** veux **pas** venir*

don't leave it there *ne le laisse **pas** là*

he doesn't eat meat *il **ne** mange **pas** de viande*

we didn't go out last night
*nous **ne** sommes **pas** sortis hier soir*

pour former des phrases interrogatives dans les phrases qui ne comportent pas d'auxiliaire

do you speak English? *est-ce que vous parlez anglais ?*

do you know Carla? *tu connais Carla ?*

what did he want? *qu'est-ce qu'il voulait ?*

do you think she'll come? *tu crois qu'elle viendra ?*

DO

pour reprendre un verbe

she reads more than I do *elle lit **plus que moi***

I like reading – so do I *j'aime lire – **moi aussi***

do you know her? – no, I don't *est-ce que tu la connais ? – **non***

pour former des « question tags » dans les phrases qui ne comportent pas d'auxiliaire

you know Bob, don't you? *tu connais Bob, **n'est-ce pas** ?*

he doesn't like garlic, does he? *il n'aime pas l'ail, **si** ?*

so you think you can dance, do you?
*alors tu t'imagines que tu sais danser, **c'est ça** ?*

il s'utilise aussi pour créer un effet d'insistance, d'emphase

I do want to go *je **veux bien** y aller*

she does like him, but she doesn't want to marry him
***elle l'aime bien**, mais elle ne veut pas se marier avec lui*

I did tell you but you've forgotten
***je te l'avais bien dit**, mais tu as oublié*

pour créer un effet de contraste

I am not very fond of the piano. I do like Chopin though
*je ne suis pas vraiment amateur de piano **et pourtant j'aime Chopin***

pour créer un effet d'invitation, d'incitation

do sit down! *asseyez-vous, **je vous en prie***

do come in *entrez **donc***

197

si c'est un verbe transitif *faire* ou intransitif

what are you doing? *qu'est-ce que tu fais ?*

I'm doing my homework *je fais mes devoirs*

she does the cooking, he does the housework
elle fait la cuisine, il fait le ménage

I've got a lot to do *j'ai beaucoup à faire*

that walk has done me good
cette promenade m'a fait du bien

do as you're told! *fais ce qu'on te dit !*

she does gymnastics every Saturday afternoon
elle fait de la gymnastique tous les samedis après-midi

what do you do? *qu'est-ce que vous faites dans la vie ?*

he could do better *il pourrait mieux faire*

> THEY'RE DOING REALLY WELL
> *LEURS AFFAIRES MARCHENT BIEN*
>
> HOW DID YOU DO IN THE EXAM?
> *COMMENT ÇA A MARCHÉ À L'EXAMEN ?*
>
> SHE'S DOING HER HAIR *ELLE SE COIFFE*
>
> HAVE YOU DONE YOUR TEETH? *T'ES-TU BROSSÉ LES DENTS ?*
>
> THEY DO FISH VERY WELL IN THIS RESTAURANT
> *ILS CUISINENT TRÈS BIEN LE POISSON DANS CE RESTAURANT*
>
> I DID PHYSICS AT SCHOOL *J'AI ÉTUDIÉ LA PHYSIQUE À L'ÉCOLE*
>
> THE CAR CAN DO 110 MILES PER HOUR
> *LA VOITURE PEUT FAIRE DU 180 À L'HEURE*

suffire will £6 do? *est-ce que 6 livres suffiront ?*
6 livres, ça ira ?
that will do *ça suffit*

198

aller

how are you doing? *comment ça va ?*
I'm doing well *je vais bien*

EXPRESSIONS À RETENIR!

HOW DO YOU DO? ENCHANTÉ(E) !

HE'S DOING WELL AT SCHOOL IL S'EN SORT BIEN À L'ÉCOLE

TO DO ONE'S HAIR SE COIFFER

SHALL WE DO LUNCH? ET SI ON ALLAIT DÉJEUNER ENSEMBLE ?

---

do ou make ?

Do et make servent tous deux à traduire *faire*, mais
ils interviennent dans des contextes différents.

● Do s'utilise :
1) lorsque l'on ne donne pas de précisions sur l'activité :
   what are you doing?
   she never knows what to do at weekends
2) lorsque l'on parle de tâches ménagères, de sport
   ou de travail en général :
   I hate doing the washing up
   you should do some swimming
   you must do your homework before watching
                    television

● Make rend l'idée de création ou d'exécution :
   I'm making some soup for dinner
   let's make a plan of the area

Il s'emploie aussi dans les situations où
quelqu'un ou quelque chose oblige une personne
à effectuer une action :
   she'll make you finish your homework first
   that book made me understand a lot about history

199

EACH

si c'est un adjectif *chaque*

each time I see that film, I cry
chaque fois que je vois ce film, je pleure

each child has their own computer
chaque enfant a son propre ordinateur

si c'est un pronom *chacun*

they each have their own room
ils ont chacun leur chambre

the answers are worth 10 points each
les réponses valent dix points chacune

each of us had a dessert
chacun de nous a pris un dessert
chacun d'entre nous a pris un dessert

> MELONS COST 90 CENTS EACH
> *LES MELONS COÛTENT 90 CENTS LA PIÈCE*

---

each other

they love each other *ils s'aiment*

we write to each other *nous nous écrivons*

do you know each other? *vous vous connaissez ?*

EACH

each other ou themselves ?

Comparez les deux phrases suivantes :

Sue and Ted hate themselves (pronom réfléchi)
Sue déteste Sue et Ted déteste Ted

Sue and Ted hate each other (pronom réciproque)
Sue déteste Ted et Ted déteste Sue

Remarquez que la traduction de ces deux prases peut être ambiguë :

Sue et Ted se détestent

On utilise each other lorsque le sujet du verbe est constitué de deux personnes ou de deux groupes, et que l'action exprimée par le verbe est réciproque :

they send each other cards at Christmas

S'il y a plus de deux personnes ou groupes, on peut remplacer each other par one another :

my brothers and sisters are always arguing with one another

Voir aussi every *et* all.

EITHER

si c'est un adverbe — non plus

I don't want to go and he doesn't either
je ne veux pas y aller et lui non plus

I haven't had anything to eat — I haven't either
je n'ai rien mangé — moi non plus

si c'est un adjectif — l'un ou l'autre

either team could win
l'une ou l'autre des équipes pourrait gagner

chaque

there are trees on either side of the road
il y a des arbres de chaque côté de la route

si c'est un pronom — l'un ou l'autre

you can have either of the photos
tu peux prendre l'une ou l'autre des photos

I don't like either of them
je n'aime ni l'un ni l'autre

EITHER

either ... or ... **soit ... soit ...**
ou ... ou ...

you can pay in either euros or dollars
*on peut payer **soit** en euros, **soit** en dollars*

either you be quiet, or I'll go home
***ou** tu te tais, **ou** je rentre chez moi*

> Lorsque either est un adjectif il apparaît toujours
> devant des noms dénombrables au singulier (either
> dictionary ; either alternative).
> Lorsque either est le sujet de la phrase, ou qu'il
> accompagne un nom qui est le sujet, le verbe est
> toujours au singulier (either is fine ; either movie
> is fine with me).
> Lorsque either... or accompagne le sujet de la
> phrase, le verbe est toujours au singulier (either
> John or Deborah has taken it).

Voir aussi neither.

ENOUGH

si c'est un adverbe ou un pronom   assez

have you had enough to eat? *est-ce que tu as assez mangé ?*

would you like some more or do you have enough?
est-ce que tu en veux encore ou *est-ce que tu en as assez ?*

I've had enough of him! *j'en ai assez de lui !*

> THAT'S ENOUGH!
> ÇA SUFFIT !

si c'est un adjectif   assez de

have you got enough money?
est-ce que tu as assez d'argent ?

there isn't enough room *il n'y a pas assez de place*

> Si enough est utilisé avec un autre adjectif ou
> avec un adverbe, il se place après - et non avant - le
> mot auquel il se rapporte :
>   he's old enough to understand
>   il est assez grand pour comprendre
>   strangely enough, she couldn't remember
>   assez étrangement, elle ne se souvenait pas

EVEN *même*

he can't even dance
*il ne sait **même** pas danser*

even my little brother can do it
***même** mon petit frère sait le faire*

she's always been very nice to me, even generous on occasion
*elle a toujours été sympathique à mon égard, **même** généreuse parfois*

even then
***même** alors*

encore

even now
***encore** maintenant* ou ***même** maintenant*

it's even better now
*c'est **encore** mieux maintenant*

it was even more difficult than what I had thought
*c'était **encore** plus difficile que ce que j'avais imaginé*

Voir aussi again *et* still.

EVEN

even if *même si*

even if he comes it won't make any difference
***même s'**il vient, ça ne changera rien*

even if I knew, I wouldn't tell you
***même si** je le savais, je ne te le dirais pas*

even though *bien que*

I think she's wrong, even though she's my sister
*je pense qu'elle a tort, **bien qu'**elle soit ma sœur*

even though I asked politely, he still refused to help me
***bien que** je lui aie demandé poliment, il a refusé de m'aider*

even so

yes, but even so *oui, mais quand même*

EVER *jamais*

nothing ever happens here *il ne se passe jamais rien ici*

I hardly ever see him *je ne le vois **presque jamais***

it was more beautiful than ever
c'était plus beau que jamais

it's the best film I've ever seen
c'est le meilleur film que j'aie jamais vu

Voir aussi yet.

déjà

have you ever been to Paris? *êtes-vous déjà allé à Paris ?*

have you ever seen an eclipse?
est-ce que tu as déjà vu une éclipse ?

toujours

she is as cheerful as ever *elle est toujours aussi gaie*

he left for ever *il est parti pour toujours*

the danger is ever present *le danger est toujours présent*

DO YOU EVER GO TO DEMONSTRATIONS?
*ALLEZ-VOUS **PARFOIS** À DES MANIFESTATIONS ?*
YESTERDAY THE COMPANY ANNOUNCED ITS FIRST EVER FALL IN
PROFITS *HIER, L'ENTREPRISE A ANNONCÉ **SA TOUTE PREMIÈRE** BAISSE
DE PROFIT*

EVER

ever since depuis – depuis que

it's been raining ever since I arrived
*il pleut **depuis** mon arrivée • il pleut **depuis que** je suis arrivé*

he's known her ever since his childhood
*il la connaît **depuis** son enfance*

> SHE HAS LOVED HIM EVER SINCE
> *ELLE L'AIME **DEPUIS** LORS OU **DEPUIS** CE MOMENT-LÀ*

***Voir aussi** for et since.*

ever so ou ever such a ⊕ vraiment

I'm ever so hungry *j'ai **vraiment** faim*

he's ever so nice *il est **vraiment** gentil*

it's ever such a pity *c'est **vraiment** dommage*

208

EVERY   tous les - toutes les

every pupil in the class passed the exam
tous les élèves de la classe ont réussi l'examen

every house in the street has a garden
toutes les maisons de la rue ont un jardin

every pupil read out a different poem
***chaque élève** a lu un poème différent*

every day ***tous les jours***

every other day ***tous les deux jours***

every time   à chaque fois - chaque fois que

he wins every time *il gagne à chaque fois*

every time I go to London, I visit my uncle
chaque fois que je vais à Londres, je rends visite à mon oncle

Chaque a deux traductions possibles en anglais :
every ou each.

● Every implique que l'on considère un groupe donné dans son entier, et insiste sur le fait que l'on parle de tous les membres de ce groupe, sans exception :

the company gave every worker a bonus

● Each, en revanche, désigne tous les éléments d'un groupe, mais d'un point de vue individuel :

each child is given individual attention

Each et every s'utilisent tous deux avec des noms dénombrables au singulier, et le verbe correspondant se met aussi au singulier.

Voir aussi each *et* all.

FEW

si c'est un adjective
ou un pronom *peu de*

few people come here ***peu de gens*** viennent ici

few of them agree ***peu d'entre eux*** sont d'accord

> THE FIRST FEW PAGES WERE INTERESTING
> *LES TOUTES PREMIÈRES PAGES ÉTAIENT INTÉRESSANTES*
> SUCH FRIENDS ARE FEW AND FAR BETWEEN
> *RARES SONT DE TELS AMIS*
> THE HAPPY FEW *LES RARES PRIVILÉGIÉS*

---

a few

si c'est un adjectif *quelques*

I need a few books *j'ai besoin de* ***quelques livres***

si c'est un pronom *quelques-uns* *quelques-unes*

a few of them are wearing hats
quelques-uns d'entre eux portent des chapeaux

would you like some cherries? – just a few
tu veux des cerises ? – ***juste quelques-unes***

quite a few / a good few

pas mal de – un bon nombre de

I read quite a few books during my trip
j'ai lu pas mal de livres pendant mon voyage

> **Attention !**
> Attention à ne pas confondre :
> - few = *peu de*
> et
> - a few = *quelques, quelques-uns, quelques-unes*
> Par ailleurs, il ne faut pas confondre a few et a little :
> ● devant les noms dénombrables au pluriel, on utilise few (few women, a few good ideas) ;
> ● devant les noms indénombrables, c'est little qu'il faut utiliser (little water, a little sugar, a little patience).
> A little peut aussi être un adverbe, contrairement à a few.
> De même, il ne faut pas confondre few et little :
> - few friends (devant les dénombrables)
> - little money (devant les indénombrables).
> Dans les phrases négatives il est possible de dire not many au lieu de few, et not much au lieu de little.

pour

this is for you *c'est pour toi*

the train for London *le train pour Londres*

can you type this letter for me?
tu peux taper cette lettre pour moi ?

he bought the car for 200 dollars
il a acheté la voiture pour 200 dollars

he voted for the Democratic candidate
il a voté pour le candidat démocrate

let's meet for a drink *retrouvons-nous pour prendre un verre*

he did 20 years in prison for murder
il a passé 20 ans en prison pour meurtre

we did it for a laugh ou **for fun** *on l'a fait pour rire*

for various reasons I decided not to talk to her
pour plusieurs raisons, j'ai décidé de ne pas lui parler

I can do it for you for tomorrow
je peux vous le faire pour demain

she's coming home for Christmas
elle rentre à la maison pour Noël

what are you doing for your birthday?
que fais-tu pour ton anniversaire ?

(pendant)

she'll be away for a month
elle sera absente (pendant) un mois

she lived in Spain for 2 years
elle a vécu en Espagne pendant 2 ans

I walked for miles *j'ai marché (pendant) des kilomètres*

FOR

s'utilise avec des durées   **depuis**

I've known him for years *je le connais depuis des années*
ça fait des années que je le connais
Voir aussi ago, ever since *et* since.

WHAT'S IT FOR? *ÇA SERT À QUOI ?*

THE PLANE FOR PARIS *L'AVION À DESTINATION DE PARIS*

I DIDN'T SAY ANYTHING FOR FEAR OF BEING RIDICULED
JE N'AI RIEN DIT DE OU PAR PEUR D'ÊTRE RIDICULISÉ

THEY'RE 50P FOR TEN *CELA COÛTE 50P LES DIX*

I SOLD IT FOR £10 *JE L'AI VENDU 10 LIVRES*

THERE'S 1 WOMAN APPLICANT FOR 5 MEN
UN CANDIDAT SUR 6 EST UNE FEMME

I'VE LIVED HERE FOR 3 YEARS
J'HABITE ICI DEPUIS 3 ANS ; CELA FAIT 3 ANS QUE J'HABITE ICI .

LET ME DO THAT FOR YOU
LAISSEZ-MOI FAIRE ; JE VAIS VOUS LE FAIRE

P FOR PETER *P COMME PETER*

WHAT'S THE GREEK FOR 'MOTHER'?
COMMENT DIT-ON « MÈRE » EN GREC ?

FOR ALL I KNOW *POUR AUTANT QUE JE SACHE*

THIS MEDICAL CENTRE IS THE ONLY ONE FOR 50 KILOME-
TRES *CE CENTRE MÉDICAL EST LE SEUL SUR 50 KILOMÈTRES*

SHE COULDN'T TALK FOR COUGHING
ELLE NE POUVAIT PAS PARLER À CAUSE DE SA TOUX

Attention !

Il ne faut pas confondre *for* et *during* !

● *For* répond à la question *how long? (combien de temps ?* ; *pour combien de temps ?)*

● *During* répond à la question *when? (quand ?).*

Remarquez la différence entre :

   I went to Boston for three weeks
   I went to Boston during the holidays

213

where are you from? *d'où venez-vous ?* ou *d'où êtes-vous ?*

she's from Italy *elle vient d'Italie* ou *elle est originaire d'Italie*

I got a letter from her today
j'ai reçu une lettre d'elle aujourd'hui

he ran away from home
il s'est sauvé de chez lui ou *il a fait une fugue*

there is a good view from the bridge
on a une très belle vue du pont

the 10 o'clock flight from Paris has just arrived *le vol de 10 heures en provenance de Paris vient juste d'arriver*

it's 60 km from here *c'est à 60 km d'ici*

seen from above|from below, it seems much smaller
vu d'en haut/d'en bas, cela semble beaucoup plus petit

we took the train from Paris to London
nous avons pris le train de Paris à Londres

we worked from 2 pm to ou till 6 pm
nous avons travaillé de 14 h à 18 h

you must translate from Spanish into English
vous devez traduire de l'espagnol vers l'anglais

the price went up from £100 to £150
le prix est passé ou monté de 100 livres à 150 livres

things got from bad to worse
les choses allèrent de mal en pis

it's hard for a child to be kept away from its mother
c'est difficile pour un enfant d'être séparé de sa mère

this amount will be deducted from your bank account
ce montant sera déduit ou *retranché de votre compte bancaire*

he prevented her from coming *il l'a empêchée de venir*

FROM

he is quite different from the others
*il est très **différent des autres***

the two sisters are so similar it's almost impossible
to tell one from another *les deux sœurs se ressemblent
tellement qu'il est quasiment impossible de **distinguer l'une
de l'autre***

à partir de

from Monday, I'll be having school dinners
à partir de lundi, *je mangerai à la cantine*

from now on **à partir de maintenant**

en indique la matière

it's made from wood *c'est **en bois***

d'après introduit une référence, un point de vue

from what I have heard, this is a very arduous task
***d'après ce que j'ai entendu**, c'est une tâche très ardue*

from his point of view, she'll never help you
***d'après lui**, elle ne t'aidera jamais*

introduit la cause

too many people still suffer from cold|from hunger
*trop de personnes **souffrent** encore **du froid**|**de la faim***

he died from his injuries
*il est mort **des suites de ses blessures***

215

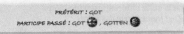

PRÉTÉRIT : GOT

PARTICIPE PASSÉ : GOT 🔵 , GOTTEN 🟢

si c'est un verbe transitif

avoir

you need to get permission from the headmaster
tu dois avoir la permission du directeur

do you get the feeling he doesn't like us?
tu n'as pas l'impression qu'il ne nous aime pas ?

I got a chance to see my sister when I was in London
j'ai eu l'occasion de voir ma sœur quand j'étais à Londres

I got flu twice last year
j'ai eu la grippe deux fois l'année dernière

I got a shock when I saw him
j'ai eu un choc en le voyant

she gets good grades *elle a de bonne notes*

> SHE GETS A GOOD SALARY
>
> *ELLE TOUCHE UN BON SALAIRE*

recevoir

I got a letter from my brother *j'ai reçu une lettre de mon frère*

what presents did you get? *qu'est-ce que tu as reçu
comme cadeau ? ou qu'est-ce que tu as eu comme cadeau ?*

GET

trouver

where did you get that book?
où est-ce que tu as trouvé ce livre ?

they can't get jobs *ils n'arrivent pas à trouver de travail*

it's difficult to get a hotel room if you don't book in advance *c'est difficile de trouver une chambre d'hôtel si on ne réserve pas en avance*

you get a lot of artists here
on trouve beaucoup d'artistes ou *ici il y a beaucoup d'artistes ici*

acheter

I'm going to the shop to get some milk
je vais au magasin acheter du lait

I don't know what to get Harry for his birthday
je ne sais pas quoi acheter à Harry pour son anniversaire

chercher

go and get the doctor *va chercher le médecin*

can you get my jacket from the cleaners?
est-ce que tu peux aller chercher ma veste au pressing ?

call me when you arrive and I'll go down and get you
appelle-moi quand tu arriveras et je descendrai te chercher

> **CAN I GET YOU SOMETHING TO EAT / TO DRINK?** *EST-CE QUE JE PEUX VOUS OFFRIR QUELQUE CHOSE À MANGER / À BOIRE ?*

attraper

he's very lucky, he never gets a cold
il a beaucoup de chance, il n'attrape jamais de rhume
did they get the thief? *est-ce qu'ils ont attrapé le voleur ?*

prendre

I got the bus into town *j'ai pris le bus pour aller en ville*
let's get a taxi to the station *prenons un taxi jusqu'à la gare*

comprendre

I don't get it *je ne comprends pas* ou *je ne saisis pas*
I don't get the joke *je ne vois pas ce qu'il y a de drôle*

si c'est un verbe intransitif

devenir

he gets jealous easily *il devient facilement jaloux*
he got suspicious when he heard police sirens
il est devenu méfiant quand il entendit les sirènes

Voir aussi go.

I'M GETTING COLD *JE COMMENCE À AVOIR FROID*

I'M GETTING BORED *JE COMMENCE À M'ENNUYER*

IT'S GETTING DARK *IL COMMENCE À FAIRE NUIT*

IT'S GETTING LATE *IL SE FAIT TARD*

SHE'S GETTING OLD *ELLE VIEILLIT*

HE GOT ANGRY *IL S'EST FÂCHÉ*

HE GOT MARRIED *IL S'EST MARIÉ*

arriver

when did you get here? *quand es-tu arrivé ?*

I ONLY GOT BACK YESTERDAY *JE SUIS RENTRÉ HIER SEULEMENT*

aller

how do you get to the beach from here?
comment fait-on pour aller jusqu'à la plage d'ici ?

DID YOU GET TO SEE HIM? *EST-CE QUE TU AS RÉUSSI À LE VOIR ?*

HOW FAR HAVE YOU GOT? *OÙ EN ES-TU ?*

WE'RE GETTING NOWHERE *ON N'AVANCE PAS*

si c'est un verbe auxiliaire

indique un changement d'état et s'utilise souvent dans une structure passive

no one got hurt *personne n'a été blessé*

she got beaten up *elle s'est fait tabasser*

let's get going ou **let's get moving** *allons-y*

219

---

to get something ready
préparer quelque chose

he's getting dinner ready *il prépare le dîner*

---

to get something done
faire faire quelque chose

I must get the car cleaned *je dois faire nettoyer la voiture*

I got the car fixed *j'ai fait réparer la voiture*

I can't get the car started
je n'arrive pas à faire démarrer la voiture

he's going to get his hair cut *il va se faire couper les cheveux*

Voir aussi **have.**

---

to get somebody to do something
faire faire quelque chose à quelqu'un

I got him to clean the car
je lui ai fait nettoyer la voiture

I'll get my sister to help
je vais demander à ma sœur de nous aider

Dans la langue familière, get est plus fréquent que be dans les constructions passives qui décrivent un événement plutôt qu'un état :

they got married on Saturday ;
the window got broken last night

Il sert souvent à décrire une action effectuée sur soi-même (he got washed), ou à dire que quelque chose est arrivé de façon inattendue ou sans préparation (he got left behind). Certains considèrent cet usage de get comme un peu relâché.

Dans les structures causatives (faire faire quelque chose à quelqu'un) get, contrairement à have et make est suivi de to + verbe :

he made him work
he had him work

mais

he got him to work

PRÉTÉRIT : WENT *PARTICIPE PASSÉ :* GONE

Il est très fréquent, lorsque l'on décrit des activités physiques, des passe-temps ou des sports, d'utiliser go suivi du participe présent du verbe principal (to go dancing/birdwatching/running). Comparez par exemple : I like swimming (= I like to be in the water) et I like going swimming (= I like going to the swimming pool).

Au present perfect et au pluperfect, le participe passé gone peut être remplacé par been, mais il y a une légère nuance. Comparez par exemple : the Fosters have gone to Bermuda for their vacation (= les Fosters sont allés aux Bermudes et y sont encore) et the Fosters have been to Bermuda twice this year (= les Fosters sont allés aux Bermudes et en sont revenus).

Dans la langue familière, le verbe go est souvent suivi de and et de la forme de base du verbe, au lieu de to + forme de base :

> I'll go and see what's happening
> = I'll go to see what's happening

aller

I'm going to Australia *je vais en Australie*

let's go! *allons-y !*

he has gone to the dentist *il est allé chez le dentiste*

we went for a walk *nous sommes allés nous promener*

how's it going? *comment ça va ?*

GO

partir

the train has gone *le train est parti*
we're going on vacation *nous partons en vacances*
ready, steady, go! *à vos marques, prêts, partez !*

devenir

he went mad *il est devenu fou*
she went red *elle a rougi*
her hair has gone white *ses cheveux ont blanchi*
Voir aussi get.

passer

time goes quickly *le temps passe vite*

se passer

the party went well *la fête s'est bien passée*

marcher

the car won't go *la voiture ne marche pas*

---

to be going to do *aller faire*

it's going to rain *il va pleuvoir*

what are you going to do? *qu'est-ce que tu vas faire ?*

I'm going to phone my parents *je vais appeler mes parents*

> Be going to sert à exprimer le futur, mais d'une manière un peu particulière. Il peut exprimer l'intention ; dans ce cas, le sujet est presque toujours une personne, et la phrase décrit ce que cette personne a l'intention de faire (we're going to have a party).
>
> Be going to peut également indiquer un événement auquel le locuteur s'attend parce que les causes en sont déjà présentes. Il est probable qu'un tel événement se produise dans un avenir proche (you're going to drop those plates! ; he's going to be angry).

HAVE

PRÉTÉRIT ET PARTICIPE PASSÉ : HAD

Have est un verbe à part entière, doté de sens propres, et qui peut donc apparaître seul. Il remplit en outre la fonction d'auxiliaire, notamment pour former les temps composés du passé (I have always liked you ; I wish they had told me before).

On trouve aussi l'auxiliaire have dans les tournures passives :

he had his bike stolen the other day
il s'est fait voler son vélo l'autre jour

On peut parfois avoir recours à have pour montrer que le sujet fait faire par quelqu'un d'autre l'action décrite par le verbe (she's having the house painted ; he had his hair cut).

Le verbe have peut avoir le sens de *posséder* ou *être le propriétaire de*. Lorsque c'est le cas, en anglais britannique parlé, au présent, on peut utiliser got dans les tournures interrogatives et négatives (I haven't got any money ; have you got any money?, au lieu de I don't have any money ; do you have any money?).

en tant qu'auxiliaire

she has already eaten *elle a déjà mangé*

I was out of breath, having run all the way
j'étais essoufflé d'avoir couru tout le long du chemin

she hasn't gone yet, has she? *elle n'est pas encore partie, si ?*

I have made a mistake *je me suis trompé*

HAVE

en tant que verbe transitif *avoir*

pour exprimer la possession

to have (got) *avoir*

I have a dog called Sammy
I've got a dog called Sammy
j'ai un chien qui s'appelle Sammy

I don't have any money
I have no money
I haven't got any money
je n'ai pas d'argent

do you have any brothers?
have you got any brothers?
est-ce que tu as des frères ?

avec des maladies

to have flu 🏵 to have got flu 🏵 to have the flu 🟢
avoir la grippe

pour exprimer une caractéristique

Rosie has blue eyes ou Rosie has got blue eyes
Rosie a les yeux bleus

they didn't have time *ils n'ont pas eu le temps*

I've got things to do *j'ai (des choses) à faire*

HAVE

prendre

to have a bath/a shower *prendre un bain/une douche*
I'll a have a coffee *je vais prendre un café*

boire

Gary had a beer *Gary a bu une bière*

manger

we had sandwiches for lunch
on a mangé des sandwichs à midi

fumer

he always has a cigarette after dinner
il fume toujours une cigarette après le dîner

> OBSERVEZ CES CONSTRUCTIONS !
>
> TO HAVE DINNER *DÎNER*
> TO HAVE A LOOK *REGARDER*
> TO HAVE A SWIM *NAGER*
> TO HAVE A GOOD TIME *S'AMUSER*
> TO HAVE A WALK *SE PROMENER*

passer

we had a nice evening *nous avons passé une bonne soirée*

recevoir

I had some news from her yesterday
j'ai reçu de ses nouvelles hier

faire faire

to have somebody do something
faire faire quelque chose à quelqu'un
I had him mow the lawn *je lui ai fait tondre la pelouse*
to have something done *faire faire quelque chose*
he had his hair cut last week
il s'est fait couper les cheveux la semaine dernière
I had my car stolen *je me suis fait voler ma voiture*

Voir aussi get.

indique une tromperie

I hate being had *je déteste me faire avoir*

si c'est un verbe modal

exprime l'obligation, la nécessité

do you have to go? have you got to go?
est-ce que tu dois partir ? est-ce que tu es obligé de partir ?
I've got to go to work *il faut que j'aille travailler*

HAVE

exprime la certitude

he has to be ready by now *il doit être prêt, maintenant*
you've got to be joking! *c'est une plaisanterie !*

he's called John *il s'appelle John*

he came to see me *il est venu me voir*

he and I *lui et moi*

he and I went for a swim
lui et moi sommes allés nous baigner

● He est le pronom personnel qui représente les personnes et les animaux familiers de sexe masculin (there's my brother — he's a teacher; there's my cat — isn't he funny?).

● She est son équivalent féminin (there's my sister — she's a nurse).

● It représente les objets, les concepts et les animaux non familiers (there's my car — it's a Ford).

Certains noms peuvent être soit masculins soit féminins, p. ex. doctor, cousin, friend. Le choix entre he et she dépend donc du sexe de la personne (there's my boss — do you know him/her).

On peut utiliser it pour les noms d'animaux, ainsi que pour certains noms comme baby si l'on ignore le sexe (listen to that baby — I wish it would be quiet!).

Lorsque l'on ignore le sexe d'une personne, l'usage classique et soutenu veut que l'on utilise le pronom masculin (if a student is sick, he must have a note from his parents). La langue moderne et soutenue préconise l'usage des pronoms masculin et féminin (if a student is sick, he or she must have a note from his or her parents). L'utilisation de they, autrefois considérée comme familière, est désormais acceptée (if a student is sick, they must have a note from their parents).

ici – là

I've lived here for 5 years
*j'habite **ici** depuis 5 ans* ou *ça fait 5 ans que j'habite ici*

come here! *viens **ici** !*

he's not here today *il n'est pas **là** aujourd'hui*

pour indiquer que l'on est présent

Jenny Cooper? — here! *Jenny Cooper ? — **présente** !*

> HERE AND THERE *ÇÀ ET LÀ*

---

here is • here are *voici*

here is what I want *voici ce que je veux*

here he is *le voici*

here she is *la voici*

here they are *les voici*

here comes John *voici John*

> Les expressions here is et here are servent à annoncer l'arrivée de quelqu'un ou de quelque chose, ou le fait que l'on vient de trouver quelque chose (here's Charlie! ; here are the answers). Le sujet (Charlie ; answers) se place à la fin de la phrase, sauf s'il s'agit d'un pronom personnel tel que I, you, he, etc. :
> here's Charlie! - here he is
> here are the answers - here they are

231

you can come if you want *tu peux venir, si tu veux*

if I knew the answer I'd tell you
si je savais la réponse, je te le dirais

I don't know if she's coming *je ne sais pas si elle vient*

if not *sinon*

if only *si seulement*

if only I could go! *si seulement je pouvais y aller !*

> Dans les questions indirectes, if et whether sont pratiquement interchangeables :
>
> she asked me if I wanted to go out for lunch
>
> =
>
> she asked me whether I wanted to go out for lunch
>
> Notez bien, en revanche, que seul if sert à introduire une hypothèse :
>
> if you have any problems, just phone me

IN *dans*

the key is in a box *la clé est **dans une boîte***

I'll be ready in five minutes *je serai prêt **dans cinq minutes***

in the nineties ***dans** les années quatre-vingt-dix*

many people still live in poverty
*un grand nombre de personnes vivent encore **dans la misère***

he's in computers *il est **dans l'informatique***

they live in the country *ils habitent **à la campagne***

to be in hospital 🏴󠁧󠁢󠁥󠁮󠁧󠁿, to be in the hospital 🇺🇸
*être **à l'hôpital***

they live in Paris *ils habitent **à Paris***

to write in pencil *écrire **au crayon***

in the sun *au soleil*

they went to Italy in 2004 *ils sont allés en Italie **en 2004***

he will start his new job in April
*il commencera son nouveau travail **en avril***

there are a lot of beautiful castles in Germany
*il y a un grand nombre de beaux châteaux **en Allemagne***

the film is in French *le film est en français*

he learned to type in two weeks
*il a appris à taper à la machine **en deux semaines***

she is dressed in black *elle est habillée **en noir***

I live in town *j'habite **en ville***

he is in prison *il est **en prison***

in large quantities *en grande quantité*

they were standing in a line|in a row|in circle
*ils se tenaient **en ligne|en rang|en cercle***

to be in danger *être en danger*

in doing something *en faisant qqch*

in saying this, I would not for a minute suggest that the task is easy *en disant cela, je ne voudrais pas suggérer le moins du monde que la tâche est aisée*

> You should visit London in (the) spring.
> *Vous devriez visiter Londres **au printemps**.*
> The Thanksgiving holiday is celebrated in the United States.
> *La fête de « Thanksgiving » est célébrée **aux États-Unis**.*

de

I'll meet at two o'clock in the afternoon
*je vous verrai à **deux heures de l'après-midi***

he was dressed in a suit *il était **vêtu d'un costume***

it is the longest river in the world
*c'est le fleuve le plus long **du monde***

depuis

it's my first decent meal in weeks
*c'est mon premier repas correct **depuis des semaines***

Voir aussi for, ever since *et* since.

exprime le moyen, la manière

he spoke to me in a loud|soft voice
*il me parla **d'une voix forte|douce***

chez

pollen allergies are rare in children of this age
*les allergies au pollen sont très rares **chez** les enfants de cet âge*

the theme of irony is even stronger in Shakespeare
*le thème de l'ironie est encore plus fort **chez** Shakespeare*

par

letters of support arrived in (their) thousands
*les lettres de soutien arrivèrent **par milliers***

good things come in twos
*les bonnes choses viennent **par deux***

indique une proportion

one child in ten suffers from malnutrition in that country
*dans ce pays, **un enfant sur dix** souffre de malnutrition*

SHE'S IN HER SIXTIES *ELLE A LA SOIXANTAINE*

il

it's raining *il pleut*

it's hot today *il fait chaud aujourd'hui*

what time is it? *quelle heure est-il ?*

it's ten o'clock *il est dix heures*

il – elle

lorsque « it » est sujet

where's my book? — it's over there
où est mon livre ? — il est là-bas

do you like my dress? — yes, it's lovely
tu aimes ma robe? — oui, elle est très jolie

le – la

lorsque « it » est complément

I've got a spare ticket, do you want it?
j'ai un billet de trop, tu le veux ?

that's my scarf, give it to me!
c'est mon écharpe, donne-la-moi !

I've lost my bag, have you seen it?
j'ai perdu mon sac, tu l'as vu ?

I've got a new car, have you seen it?
j'ai une nouvelle voiture, tu l'as vue ?

it's a good film *c'est un bon film*

it isn't easy! *ce n'est pas facile !*

● It est le pronom personnel qui représente les objets, les concepts et les animaux non familiers (there's my car — it's a Ford).

● He représente les personnes et les animaux familiers de sexe masculin (there's my brother — he's a teacher ; there's my cat — isn't he funny?)

● She est son équivalent féminin (there's my sister — she's a nurse).

On peut utiliser it pour les noms d'animaux ainsi que pour certains noms désignant des personnes — dont baby — si l'on ignore le sexe (listen to that baby — I wish it would be quiet!).

N'oubliez pas qu'il n'y a pas de pronom possessif correspondant à it. Its est uniquement un adjectif (its fur is wet ; its lock is broken).

Les verbes servant à décrire le temps qu'il fait sont toujours précédés de it, et ils sont toujours à la troisième personne du singulier : it's very cold here in winter.

c'est un adjectif *son – sa – ses*

put the camera back in its case
remets l'appareil photo dans son étui

the dog gave me its paw
le chien m'a donné sa patte

> **Attention !**
> L'adjectif possessif qui accompagne les noms collectifs tels que government, team et school peut être soit its, soit their. Faites bien attention à mettre le verbe au singulier ou au pluriel selon le cas :
>> the government has made up its mind
>
>> =
>
>> the government have made up their minds
>
> Si vous parlez d'une partie du corps, n'oubliez pas d'utiliser l'adjectif possessif its, et non pas the :
>> the cat was licking its paws
>> *le chat se léchait les pattes*

LITTLE

si c'est un adjectif — petit

a little boy *un petit garçon*
my little finger *mon petit doigt*

peu de there's very little hope *il y très peu d'espoir*

si c'est un adverbe — peu

he eats very little *il mange très peu*

a little — **un peu de** I have a little money
j'ai peu d'argent

un peu I'm a little hungry *j'ai un peu faim*

a little bit — **un petit peu**

it's a little bit odd *c'est un petit peu étrange*

> Attention à ne pas confondre little (peu) et a little (un peu).
> A little a le même sens que a bit et a bit of, mais appartient à un registre plus élevé. Notez bien que si vous utilisez a little directement devant un nom, il est inutile d'ajouter of (would you like a little bread with your soup?).
> De même que a bit, a little peut aussi remplir la fonction d'adverbe (he seems a little better ; I slept a little this afternoon).

Voir aussi few.

LOT

a lot *beaucoup*

he eats a lot
il mange beaucoup

thanks a lot!
merci beaucoup !

he has a lot of friends
il a beaucoup d'amis

lots of *beaucoup*

she has lots of money
elle a beaucoup d'argent

the lot *tout*

she ate the lot
elle a tout mangé

Voir aussi much, many *et* plenty.

si c'est un adjectif, s'utilise
avec des dénombrables au pluriel

beaucoup de

were there many people at the match?
est-ce qu'il y avait beaucoup de gens au match ?

she doesn't have many friends
elle n'a pas beaucoup d'amis

si c'est un pronom

beaucoup

don't eat all the chocolates, there aren't many left
ne mange pas tous les chocolats, il n'en reste pas beaucoup

as many **autant de**

I don't have as many CDs as my brother
je n'ai pas autant de CD que mon frère

as many as **autant que**

take as many as you like *prends-en autant que tu veux*

MANY

---

how many? *combien de ?*

how many presents did you get?
combien de cadeaux as-tu reçu ?

combien ? **how many are there?** *il y en a combien ?*

---

too many *trop de*

there are too many people here *il y a trop de monde ici*

trop **there's too many** *il y en a trop*

On trouve *many* principalement dans :
- les questions :
  were there many people at the party?
- les tournures négatives :
  I didn't get many presents for my birthday
Dans les phrases affirmatives, on tend en revanche
à utiliser *a lot (of)* et *lots (of)*, même si l'on trouve
également *many* dans les expressions :
  how many, so many, too many
Attention à ne pas confondre *much* et *many* :
- *much* s'utilise avec les indénombrables
  how much money do you need?
- *many* s'utilise avec les dénombrables
  how many dollars do you need?

Voir aussi lot, much et plenty.

MAY

exprime une éventualité, une probabilité

we may come *nous viendrons **peut-être***
it may rain *il va **peut-être** pleuvoir* ou *il se peut qu'il pleuve*
she may have phoned *elle a **peut-être** appelé*

pouvoir

pour demander ou donner une permission

may I come in? *puis-je entrer ?*
you may sit down *vous pouvez vous asseoir*

pour exprimer un contraste

he may be fat, but he can still run very fast
il est certes gros mais il court vite
be that as it may *quoi qu'il en soit*

> Comme vous l'aurez sans doute remarqué, lorsque
> may est employé avec un autre verbe pour exprimer
> **la possibilité**, en français cela peut être rendu avec
> le peut-être.
> On ne peut pas employer may au sens de *être autorisé à* dans des situations qui décrivent le passé ou
> l'avenir. Dans ces cas-là, on doit utiliser be allowed
> to à la place :
> > she wasn't allowed to see him again
> > I hope that I'll be allowed to go

MIGHT

exprime une éventualité ou une probabilité, avec un faible degré de certitude

they might be away
*ils sont **peut-être** absents*

she might have got lost
*elle s'est **peut-être** perdue*

il might snow
*il va **peut-être** neiger* ou *il se pourrait qu'il neige*

***Voir aussi** can, may **et** must.*

exprime un reproche

you might at least say "thank you" when someone helps you
tu pourrais au moins dire « merci » quand quelqu'un t'aide

Comme vous l'aurez sans doute remarqué, lorsque might est employé avec un autre verbe pour exprimer la possibilité, en français cela peut être rendu avec le peut-être.

May et might servent tous deux à exprimer une possibilité réelle. Mais, si l'on utilise might, le degré d'incertitude est plus grand. Comparez par exemple :

you may be right but I'll have to check
et
if you phone now, you might catch him
in his office

MUCH

si c'est un adjectif, s'utilise généralement avec des indénombrables au singulier

beaucoup de   there isn't much rice left
il ne reste pas beaucoup de riz

si c'est un adverbe **beaucoup** et un pronom

I don't go out much *je ne sors pas beaucoup* ou *souvent*

it doesn't interest me much
ça ne m'intéresse pas beaucoup

I don't want much *je n'en veux pas beaucoup*

thank you very much *merci beaucoup*

---

as much **autant**

I don't have as much *je n'en ai pas autant*

> I THOUGHT AS MUCH *C'EST BIEN CE QUE JE PENSAIS*

---

as much as **autant de**

he doesn't have as much money as I do
il n'a pas autant d'argent que moi

245

MUCH

autant que

have as much as you like *prends-en autant que tu veux*

---

how much? **combien ?**

how much does it cost? *combien ça coûte ?*

combien de ?

how much money do you have? *combien d'argent as-tu ?*

---

much as

much as I wanted to go, I had to stay in and finish my homework *même si j'avais envie d'y aller*, j'ai dû rester et finir mes devoirs

---

so much **tellement**

I missed you so much *tu m'as tellement manqué*

tant de

he had so much trouble concentrating
il avait tant de mal à se concentrer

MUCH

too much *trop*

she talks too much
elle parle trop

trop de

there's too much sugar in my tea
il y a trop de sucre dans mon thé

> On trouve *much* principalement dans :
> - les questions :
>   is there *much* traffic in town today?
> - les tournures négatives :
>   I haven't got *much* money
>
> Dans les phrases affirmatives, on tend en revanche à utiliser *a lot (of)* et *lots (of)*, même si l'on trouve également *much* dans les expressions :
>
> > how much
> > so much
> > too much

Voir aussi lot, many *et* plenty.

247

MUST

c'est un auxiliaire modal

devoir *exprime une obligation, une interdiction*

I must go
je dois partir ou il faut que je m'en aille

you must come and see us
il faut que tu viennes nous voir

you mustn't tell anyone
tu ne dois le dire à personne

exprime une forte probabilité, une déduction logique

Paul is not here today, he must be ill
Paul n'est pas là aujourd'hui, il doit être malade

I must have made a mistake
j'ai dû me tromper

they must have known
ils devaient le savoir

YOU MUST BE KIDDING! *VOUS PLAISANTEZ !*

Voir aussi **can** *et* **may**.

248

Must ou have to ?

Must a la même signification que have got to et have to lorsqu'il exprime une obligation (I must get up early tomorrow = I have (got) to get up early tomorrow). Lorsqu'il a ce sens, must n'est généralement pas employé dans les questions (Do I have to/Have I got to get up early tomorrow?), ni dans les phrases qui expriment la répétition ou l'habitude (I have to get up early every morning). Must n'a pas non plus de passé (I had to get up early yesterday). Ne confondez pas, par exemple :

she mustn't leave
elle ne doit pas partir

et

she doesn't have to leave
elle n'est pas obligée de partir

NEED

si c'est un nom

besoin

to be in need of something **avoir besoin de** quelque chose
if need be *si besoin est • si nécessaire*
in need *dans le besoin*
need for something *besoin de quelque chose*
need to do something *besoin de faire qqch*
there's no need for such language
tu n'as pas besoin d'être grossier
there's no need to... *ce n'est pas la peine de...*
there's no need to get up *ce n'est pas la peine de te lever*

si c'est un verbe transitif

avoir besoin de

he needs new shoes *il a besoin de nouvelles chaussures*
the kitchen needs repainting
the kitchen needs to be repainted
la cuisine a besoin d'être repeinte

devoir

I need to leave right away *je dois partir tout de suite*
do we need to show our passports?
est-ce que nous devons montrer nos passeports ?

NEED

si c'est un verbe modal, il fonctionne comme un auxiliaire

need we go? *faut-il qu'on y aille ?*

it need not happen *cela ne doit pas forcément se produire*

you needn't shout! *ce n'est pas la peine de crier !*

Attention !

● Need peut s'employer avec un participe présent :
my car needs washing = my car needs to be washed
il s'agit d'une construction très fréquente.

● Need, utilisé dans les questions (need we finish this today?), leur donne un ton très soutenu, c'est pourquoi il est souvent remplacé par have to ou have got to :

do we have to ou have we got to finish this today?

Dans les tournures négatives, needn't signifie *il n'est pas nécessaire de...* (you needn't get up early tomorrow). D'autres exemples :

you don't need to wait ou you needn't wait
tu n'es pas obligé(e) d'attendre
we needn't hurry
ce n'est pas la peine qu'on se dépêche.

Comparez avec mustn't, qui signifie *il est nécessaire de ne pas...* :

you mustn't make so much noise,
you'll wake the baby

Voir aussi must.

NEITHER

si c'est une conjonction

it's neither good nor bad
*ce n'est **ni** bon **ni** mauvais*

he's neither English nor American
*il n'est **ni** anglais **ni** américain*

non plus

he doesn't know and neither does she
*il ne le sait pas et **elle non plus***

she can't swim – neither can I
*elle ne sait pas nager — **moi non plus***

si c'est un adjectif ou un pronom

aucun des deux

ni l'un ni l'autre

neither book is any good *aucun des deux livres n'est bon*

neither of them came
aucun des deux n'est venu
ni l'un ni l'autre n'est venu

which dress do you want? — neither
quelle robe veux-tu ? — ni l'une ni l'autre
quelle robe veux-tu ? — aucune des deux

MOTS-CLÉS

Lorsque neither est un adjectif il apparaît toujours devant des noms dénombrables (neither dictionary ; neither alternative).

Lorsque neither est le sujet de la phrase, ou qu'il accompagne un nom qui est le sujet, le verbe est toujours au singulier (neither film appeals to me ; neither appeals to me). Notez que le verbe est toujours à la forme affirmative.

Neither of peut être suivi d'un verbe, soit au singulier soit au pluriel :

neither of us like blue

ou

neither of us likes blue

Lorsque neither... nor accompagne le sujet de la phrase, le verbe est toujours au singulier :

neither John nor Deborah is coming tonight

Voir aussi either.

NO

si c'est un adverbe

non

do you like seafood? — no, I don't
est-ce que tu aimes les fruits de mer ? — non

no thank you
non merci

si c'est un adjectif

pas de – aucun

she has no money
elle n'a pas d'argent

there are no buses on Sundays
il n'y a pas de bus le dimanche

there's no hope
il n'y a aucun espoir

Lorsque no est un adjectif, il peut s'employer avec des noms dénombrables ou indénombrables (no bread ; no books).
Dans une phrase où no est un adjectif, le verbe est à la forme affirmative (no changes have occurred ; that's no problem).
N'oubliez pas que no n'est jamais un pronom. C'est none qu'il faut utiliser pour remplir cette fonction :
  there are no cookies left → there are none left

Voir aussi some *et* any.

c'est un pronom

aucun

how many cards have you got left? — none
il te reste combien de cartes ? — aucune

none of the pictures is for sale
aucun des tableaux n'est à vendre

none of us won
aucun de nous n'a gagné

> HAVE YOU GOT ANY MONEY? — NO, NONE AT ALL
> *EST-CE QUE TU AS DE L'ARGENT ? — NON, JE N'EN AI PAS DU TOUT*
>
> THERE'S NONE LEFT
> *IL N'Y EN A PLUS*
> *IL N'EN RESTE PLUS*

> N'oubliez pas que none n'est jamais un adjectif.
> C'est no qu'il faut utiliser pour remplir cette
> fonction (there are none left — there are no cookies
> left).
> Dans une phrase où none est un pronom, le verbe
> est à la forme affirmative (none of this is your
> fault).

Voir aussi no, some.

c'est une préposition *de*

in the centre of London
dans le centre de Londres

he ate half of the cake
il a mangé la moitié du gâteau

two of the boys are French
deux des garçons sont français

some of them left early
certains d'entre eux sont partis tôt

there are seven of us
nous sommes sept

there are thousands of people
il y a des milliers de personnes

a bit of money
un peu d'argent

a kilo of apples
un kilo de pommes

a cup of coffee
une tasse de café

have some more cake, there's lots of it
prends encore un peu de gâteau, il y en a beaucoup

there were lots of them
ils étaient nombreux

a ring of gold *une bague en or*

it's made of silver *c'est en argent*

s'utilise dans les dates

the 14th of February
le 14 février

s'utilise pour indiquer l'heure

it's quarter of four
il est quatre heures moins le quart

Le possessif

La marque du possessif 's équivaut dans certains cas à une tournure commençant par of :

the company's profits = the profits of the company

Toutefois, avec les noms de personnes, seule la forme en -'s est possible (Bill's clothes).

Il est plus naturel d'utiliser of lorsque :

● l'on fait allusion à des objets (the front of the house ; the corner of the room) ;

● la construction est longue et complexe (I know the son of the teacher who is working for the BBC et non pas I know the teacher's son who's working for the BBC).

Soyez attentif à faire la distinction entre -'s et -s' dans les tournures possessives. Comparez, par exemple :

my sister's friends (il y a une seule sœur)

et

my sisters' friends (il y a plusieurs sœurs)

si c'est un adverbe

indique un éloignement dans l'espace

we're off to Japan today
*nous partons **pour** le Japon aujourd'hui*

the station is 10 miles off *la gare est **à 16 kilomètres***

I'm off *je m'en vais*

indique un éloignement dans le temps

my holiday is two days off
*je suis en vacances **dans deux jours***

indique une séparation

take your coat off *enlève ton manteau*

the lid was off *le couvercle n'était pas mis*

indique une interruption, un non fonctionnement

don't forget to switch off the light
n'oubliez pas d'éteindre la lumière

the TV is off *la télévision est éteinte*

avec des prix, exprime une réduction

I had £10 off
j'ai eu 10 livres de remise

she gave me 30% off
elle m'a fait une remise de 30 %

OFF

pour parler des congés

I've got my afternoon off *je ne travaille pas cet après-midi*

she's got a week off next month
elle a une semaine de vacances le mois prochain

I took a week off *j'ai pris une semaine de congé*

exprime une idée d'achèvement

I'll finish off this work over the weekend
je terminerai ce travail pendant le week-end

climate change killed off a variety of mammals about 11,000 years ago
un changement de climat a entraîné l'extinction d'un grand nombre de mammifères il y a environ 11 000 ans

si c'est une préposition

exprime un mouvement de haut en bas

he got off the bus at the next stop
il descendit du bus à l'arrêt suivant

he stood up and took a book off the shelf
il se leva et prit un livre sur l'étagère

indique une proximité dans l'espace

the hotel is located off the main street
l'hôtel se trouve près de la rue principale

the island is just off the coast
l'île est au large de la côte

OFF

pour indiquer l'absence

he's off work today
il ne travaille pas aujourd'hui

she's been off school for weeks
cela fait des semaines qu'elle est absente de l'école

indique un refus, un abandon

she's off her food *elle n'a pas d'appétit*

he's off drugs now *il ne prend plus de drogue maintenant*

si c'est un adjectif

exprime une détérioration

the milk is off *le lait a tourné*

this meat is off *cette viande est avariée*

exprime une interruption, un non fonctionnement

are the lights off? *est-ce que les lumières sont éteintes ?*

exprime une annulation

the match is off *le match est annulé*

indique une absence

he's off this week *il est absent cette semaine*

ON

sur si c'est une préposition

your book is on the chair *ton livre est sur la chaise*

the map is on the table *le plan est sur la table*

a book on Australia *un livre sur l'Australie*

I don't have money on me *je n'ai pas d'argent sur moi*

> I WAS ON THE BUS *J'ÉTAIS DANS LE BUS*

à

there were rock star posters on the walls
il y avait des posters de rock stars au mur

she has a ring on her finger *elle a une bague au doigt*

the car runs on petrol *la voiture marche à l'essence*

we went on foot *nous y sommes allés à pied*

he played the tune on the guitar *il a joué l'air à la guitare*

she's on the phone *elle est au téléphone*

on the radio *à la radio*

on TV *à la télé*

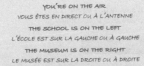

> YOU'RE ON THE AIR
> *VOUS ÊTES EN DIRECT OU À L'ANTENNE*
>
> THE SCHOOL IS ON THE LEFT
> *L'ÉCOLE EST SUR LA GAUCHE OU À GAUCHE*
>
> THE MUSEUM IS ON THE RIGHT
> *LE MUSÉE EST SUR LA DROITE OU À DROITE*

261

ON

 a film on DVD *un film en DVD*

they travelled on a bus|on a train|on a ship
ils ont voyagé en bus|en train|en bateau

on hearing the news, she burst into tears
en apprenant la nouvelle, elle fondit en larmes

I have an appointment on Thursday with an ophthalmologist *j'ai rendez-vous jeudi chez un ophtalmologiste*

on the 10th of February, we will fly to Cuba
le 10 février, nous prendrons l'avion pour Cuba

it was snowing on my birthday
il neigeait le jour de mon anniversaire

one cannot live on water alone
on ne peut pas vivre d'amour et d'eau fraîche

the robin lives on fruit
le rouge-gorge vit ou se nourrit de fruits

he's on tranquilizers *il prend des tranquillisants*

I think she's on drugs again
je pense qu'elle se drogue à nouveau

how much are you on? *combien gagnez-vous ?*

he's on £25,000 a year *il gagne 25 000 livres par an*

si c'est un adverbe

indique que quelque chose est à sa place

put the lid on *mets le couvercle*

en parlant de vêtements

it's cold outside, you should put a sweater on
il fait froid dehors, tu devrais mettre un pull

what did she have on ? *qu'est-ce qu'elle portait ?*

he had nothing on *il était tout nu*

she had her glasses on *elle portait ses lunettes*

indique une mise sous tension, un branchement

switch the light on, please *allume la lumière, s'il te plaît*

turn the power on *mets le courant*

exprime la continuation

if you read on, you'll find this book very interesting
si tu continues à lire, tu trouveras ce livre très intéressant

they walked on for hours
ils marchèrent des heures sans s'arrêter

dans des expressions de temps

later on *plus tard*

earlier on *plus tôt*

si c'est un adjectif

indique la mise sous tension, le fonctionnement

the radio was on
la radio était allumée

the washing machine is on
le lave-linge est en marche

the lights are on
les lumières sont allumées

the tap is on
le robinet est ouvert

pour parler de la tenue d'un événement

it's on at the local cinema
ça passe au cinéma du quartier

your favourite **TV programme** is on tonight
il y a ton émission préférée à la télé ce soir

is our deal still on?
est-ce que notre affaire tient toujours ?

---

from now on **dorénavant**

désormais

from now on, I'll listen to you
désormais, je t'écouterai

264

OUGHT TO

si c'est un verbe modal

 devoir (au conditionnel)

you ought to see a doctor
tu devrais aller chez le docteur

she ought to be here soon
elle devrait être là bientôt

she ought to pass her exam
elle devrait réussir à son examen

you ought to look after your children better
tu devrais t'occuper un peu mieux de tes enfants

I really ought to go
il faudrait que je m'en aille

she ought to have come
elle aurait dû venir

you ought not to have done that
tu n'aurais pas dû faire ça

> Ought to suivi du participe passé peut servir
> à exprimer :
> ● des regrets :
>   I ought to have called on her birthday
>   *j'aurais dû l'appeler pour son anniversaire*
> ● un reproche :
>   you ought to have been more careful
>   *tu aurais dû faire plus attention*

Voir aussi should.

OVER

si c'est une préposition

au-dessus de

there's a lamp over the table
*il y a une lampe **au-dessus de la table***

the water came over his waist
l'eau lui arrivait au-dessus de la taille

sur

it would be nicer if you put a cloth over the table
*ce serait plus joli si tu mettais une nappe **sur la table***

par-dessus

he jumped over the fence *il a sauté **par-dessus la clôture***

plus de

she's over forty *elle a **plus de 40 ans***

> THEY LIVE OVER THE ROAD *ILS HABITENT* **EN FACE**
> TO GO OVER THE BORDER *FRANCHIR LA FRONTIÈRE*

indique un thème, un sujet

they argued over the price *ils ont débattu le prix*

they fell out over politics
ils se sont brouillés pour une question de politique

OVER

indique une période, une durée

it happened over the Christmas holiday
*cela s'est passé **pendant** les fêtes de Noël*

I haven't seen him much over the last few years
*je ne l'ai pas vu beaucoup **ces dernières années***

si c'est un adverbe

over here *ici*

over there *là-bas*

we invited them over
nous les avons invités chez nous

they flew over to America
ils se sont envolés pour les États-Unis

plus

I would recommend this book to children aged 7 and over
*je recommanderais ce livre aux enfants âgés de 7 ans **et plus***

exprime une notion d'excès

don't be overanxious *ne sois pas trop anxieux*

s'utilise pour parler de ce qui reste

there is some meat over *il reste de la viande*

there's nothing (left) over *il ne reste rien*

267

OVER

three into twenty-two goes seven and one over
vingt-deux divisé par trois font sept et il reste un

don't knock the bottle over *ne renversez pas la bouteille*

he pushed me and I fell over
il m'a poussé et je suis tombé à la renverse

he did it ten times over *il l'a fait 10 fois de suite*

over and over again *à maintes reprises ou maintes fois*

think it over *réfléchissez-y bien*

you'd better read it over
vous feriez mieux de le lire avec attention

si c'est un adjectif

the party's over *la fête est terminée*

**the repression of dissidents continued after the war
was over** *la répression des dissidents continua après la fin
de la guerre*

OVER

I'll be glad when this is all over
je serai heureux quand tout cela sera fini

---

all over

si c'est une préposition

all over the world
dans le monde entier

si c'est un adverbe

the house was painted green all over
la maison était peinte tout en vert

si c'est un adjectif

finie (e)

that's all over now
c'est fini, maintenant

PLENTY

c'est un pronom

beaucoup

we have plenty of time
nous avons beaucoup de temps

there's plenty to eat
il y a beaucoup à manger

> THAT'S PLENTY
> *C'EST BIEN ASSEZ*
> *C'EST LARGEMENT ASSEZ*

Dans les **questions** et les **tournures négatives**, plenty (of) est remplacé par :
- much (avec des noms indénombrables)
  I've plenty of time → I haven't much time
- many (avec des noms au pluriel)
  there were plenty of people I knew at the party
  → were there many people you knew at the party?

Voir aussi lot, much *et* many.

QUITE

c'est un adverbe

assez – plutôt

she's quite pretty
elle est assez jolie

I'm quite hungry
j'ai plutôt faim

tout à fait

you're quite right!
tu as tout à fait raison !

I'm not quite ready
je ne suis pas tout à fait prêt

> Même s'il peut sembler étrange que quite puisse vouloir dire à la fois *tout à fait*, *complètement*, *assez* et *plutôt*, on s'y retrouve en fait très facilement si l'on examine le type d'ajectif qui suit. Comparez par exemple :
> **it's quite cold today** *il fait assez froid aujourd'hui*
> **the movie was quite good** *le film était plutôt bien*
> **et**
> **he's quite right** *il a tout à fait raison*
> **the tree seems quite dead**
> *l'arbre a l'air complètement mort*

RATHER

plutôt

it's rather expensive *c'est plutôt cher*

rather than *plutôt que*

it's a comedy rather than a thriller
c'est une comédie plutôt qu'un thriller

he did it alone rather than asking for help
il l'a fait tout seul plutôt que de demander de l'aide

> Rather than peut être suivi :
> ● d'un nom (it's a comedy rather than an action movie) ;
> ● d'un verbe (I prefer to go on my own rather than going with my brother).
> Notez que c'est le participe présent du verbe que l'on utilise dans ce cas.

---

would rather

I'd rather leave *je préférerais partir* ou *j'aimerais mieux partir*

she'd rather not go *elle préférerait ne pas y aller*
elle aimerait mieux ne pas y aller

would you rather wait? *préférez-vous attendre ?*

> I would rather, she would rather etc. se contractent en I'd rather, she'd rather, etc. Notez que l'expression est suivie de la forme de base du verbe sans to :
> I'd rather stay a bit longer
> Attention à ne pas confondre avec I'd better, la contraction de I had better qui signifie *je ferais mieux de*.

272

SHALL

pour exprimer le futur (1re pers. sing. & 1re pers. pl.) mais cet usage est de moins en moins fréquent

I shall be in Ireland next week
je serai en Irlande la semaine prochaine

we shall not ou **we shan't be there before 6**
nous n'y serons pas avant 6 heures

***Voir aussi** will.*

pour faire une suggestion (1re pers. sing. & 1re pers. pl.)

let's go, shall we? *on y va ?*

shall we have lunch now? *tu veux qu'on déjeune maintenant ?*

dans des questions

where shall I put this? *où est-ce qu'il faut mettre ça ?*

pour donner un ordre

you shall tell me! *tu vas* ou *dois me le dire !*

thou shall not kill *tu ne tueras point*

Attention !

Shall peut être associé à I ou we dans les phrases interrogatives, pour :

● faire une suggestion (shall I make you a cup of tea?) ;

● formuler une invitation (shall we go for a picnic on Sunday?) ;

● demander un conseil (what shall I wear?).

En dehors de ces quelques cas, shall n'est pas très souvent utilisé, en particulier en anglais d'Amérique. La forme négative shan't l'est encore moins. Should est la forme passée de shall.

273

she's called Eileen *elle s'appelle Eileen*

she came to see me *elle est venue me voir*

- She est le pronom personnel qui représente les personnes et les animaux familiers de sexe féminin (there's my sister — she's a nurse ; there's my cat — isn't she funny ?).
- He est son équivalent masculin (there's my brother — he's a teacher).
- It représente les objets, les concepts et les animaux non familiers (there's my car — it's a Ford).

On utilise parfois she pour représenter un navire (the Titanic was new but she sank the first time she left port).

Certains noms peuvent être soit masculins soit féminins, p. ex. doctor, cousin, friend. Le choix entre he et she dépend donc du sexe de la personne en question (there's my boss — do you know him/her?).

On peut utiliser it pour les noms d'animaux ainsi que pour certains noms comme baby, si l'on ignore le sexe (listen to that baby — I wish it would be quiet!).

Lorsque l'on ignore le sexe d'une personne, l'usage classique et soutenu veut que l'on utilise le pronom masculin (if a student is sick, he must have a note from his parents).

La langue moderne et soutenue préconise l'usage des pronoms masculin et féminin (if a student is sick, he or she must have a note from his or her parents). L'utilisation de they, autrefois considérée comme familière, est désormais acceptée (if a student is sick, they must have a note from their parents).

SHOULD *devoir*

(au conditionnel)

*s'utilise pour donner un conseil,
exprimer ce qui serait souhaitable*

you should go if you're invited *tu devrais y aller si tu es invité*
should I go too? *est-ce que je devrais y aller aussi ?*
we should leave now *il faudrait partir maintenant*

exprime une déduction, une probabilité

she should be home soon *elle devrait être de retour bientôt*
that should be her at the door *ça doit être elle*

*suivi de « have » + participe passé,
exprime un regret, un reproche*

they should have won the match
ils auraient dû gagner le match

Voir aussi ought to.

avec une valeur conditionnelle

I should be very sorry if they couldn't come
je serais navré s'ils ne pouvaient pas venir

I should like to come with you *j'aimerais bien venir avec vous*

après « if », pour exprimer une éventualité

if anyone should call, please let met know
si par hasard quelqu'un appelle, veuillez me prévenir

SHOULD

Attention !

Should have suivi d'un participe passé peut servir à exprimer

- un regret

    I should have phoned on her birthday

    j'aurais dû l'appeler pour son anniversaire

- un reproche

    you should have been more careful

    tu aurais dû faire plus attention

SINCE

si c'est une préposition ou un adverbe

depuis *s'utilise avec des dates*

I haven't seen my grandmother since Christmas
je n'ai pas vu ma grand-mère depuis Noël

I've lived in France since 2005 *je vis en France depuis 2005*

she'd been waiting since 7 p.m. *elle attendait depuis 7 heures*

he left home at 5.00 on Tuesday and we haven't heard
from him since *il est parti de chez lui mardi à 5 heures et
nous n'avons pas eu de ses nouvelles depuis*

Voir aussi ago, ever since, for *et* in.

si c'est une conjonction

depuis que

she hasn't stopped crying since you left her
depuis que tu l'as quittée, elle n'a pas arrêté de pleurer

étant donné que

since you are ill, you should stay at home
étant donné que tu es malade, tu devrais rester à la maison

Attention !

Remarquez les temps employés avec since lorsque ce
dernier est une préposition :

we have been friends since school (present perfect)

we had been working together since the summer
(pluperfect en be + ing)

we had been in contact since 2001 (pluperfect).

SOME

si c'est un adjectif

there is some milk left in the fridge
*il reste **du lait** dans le réfrigérateur*

will you have some more meat?
*voulez-vous encore **de la viande** ?*

he gave me some money
*il m'a donné **de l'argent***

I want to get some new shoes
*je veux acheter **de nouvelles chaussures***

I've brought you some sweets
*je vous ai apporté **des bonbons***

certains

some jobs are better paid than others
certains boulots sont mieux rémunérés que d'autres

some people like his music
certains aiment sa musique

I had some difficulty getting here
*j'ai eu **quelque mal** à venir ici*

278

SOME

I've known him for some years
*je le connais depuis **plusieurs années***
*je le connais depuis **pas mal d'années***

> *pour parler d'une personne non connue ou non spécifiée*

she married some writer or other
elle a épousé un écrivain quelconque ou *quelque écrivain*

si c'est un pronom

that cake looks nice, can I have some?
ce gâteau a l'air bon, je peux en prendre ?

I've got lots of comics, do you want some?
j'ai beaucoup de BD, tu en veux ?

certains

some are red, some are blue
certains sont rouges, d'autres sont bleus

I've bought a kilo of oranges, some of them were bad
j'ai acheté un kilo d'oranges, certaines étaient pourries

some (of them) left early
certains d'entre eux sont partis tôt

SOME

si c'est un adverbe

quelque – environ

introduit une approximation

there were some 7,000 people there
*il y avait **quelque** ou **environ** 7 000 personnes*

---

some day **un de ces jours**

> Lorsque some est un adjectif ou un pronom, il n'apparaît que dans des contextes affirmatifs (there are some cookies left ; some of my old school friends are married).
>
> Dans les phrases négatives il est remplacé par no lorsqu'il est adjectif et par none lorsqu'il est pronom (there are no cookies left ; none of my school friends are married).
>
> Lorsque le verbe est à la forme négative, some est remplacé par any (I don't know if there are any cookies left ; there aren't any cookies left).
>
> Il est possible d'utiliser some dans les questions, si l'on s'attend à une réponse affirmative (would you like some soup?). Si ce n'est pas le cas, on remplace some par any (are there any cookies left?).

Voir aussi any, no, none.

STILL

si c'est un adverbe *encore*

he was still sleeping when I arrived
il dormait encore quand je suis arrivé(e)

I've still got £5 left *il me reste encore 5 livres*

we still have got time *nous avons encore le temps*

there are many questions still to be answered
il reste encore beaucoup de questions sans réponse

> SHE STILL LIVES IN NEW YORK
> *ELLE HABITE TOUJOURS À NEW YORK*

Voir **aussi** again **et** always.

exprime une opposition

you may not approve of what he did, still he is your brother
tu peux très bien ne pas cautionner ce qu'il a fait, mais c'est **tout de même** *ton frère*

even though she didn't have much time, she still offered her help
même si elle n'avait pas beaucoup de temps, elle a **quand même** *offert son aide*

avec des comparatifs, pour marquer l'intensité

he was angrier still after we talked
après notre discussion, il était encore plus énervé

still more worrying is the problem of corruption
plus préoccupant encore est le problème de la corruption

SUCH

tel – telle

it was such a surprise *ça a été une telle surprise*

such situations are common *de telles situations sont courantes*

in such cases *dans des cas pareils* ou *dans de tels cas*

tellement

it's such a pity *c'est tellement dommage*

why are you in such a hurry? *pourquoi es-tu tellement pressé ?*

he has such a lot of books *il a tellement de livres*

I waited such a long time *j'ai attendu tellement longtemps*

si

it's such a beautiful view! *c'est une si belle vue !*

---

such as **tel que – comme**

animals such as lions and tigers
des animaux tels que les lions et les tigres

> ### Attention !
> Lorsqu'il a la fonction d'adjectif, such est toujours placé devant les noms :
> - dénombrables au singulier, on emploie such a/an (such a fool ; such an awful person) ;
> - indénombrables (such energy ; such amazing stupidity) et devant les noms dénombrables au pluriel, on emploie such tout seul (such fools ; such expensive tastes).

THAN

c'est une conjonction, s'utilise avec des comparatifs

que

Tina's taller than Ted *Tina est plus grande que Ted*
I've got less than you
I've got less than you have
j'en ai moins que toi

de

it costs less than $50 *ça coûte moins de 50 dollars*
he stayed more than three months
il est resté plus de trois mois

Lorsque l'on compare deux choses en anglais courant, on fait généralement suivre than d'un pronom objet tel que me, him, them, etc (he's bigger than me ; Keith has a faster car than me).

Dans la langue plus soutenue, en revanche, c'est le pronom sujet (I, he, they, etc) qui suit than, même lorsque le verbe qui suit est omis (he's bigger than I ; Keith has a faster car than I).

Lorsque than introduit un pronom sujet (I, he, they, etc), celui-ci peut être suivi de la forme contractée de be ou de have, à condition que le verbe soit lui-même suivi d'au moins un autre mot. Comparez par exemple :

she's quicker than she's ever been

et

she's quicker than you are (et non pas you're)

si c'est un pronom,
la forme au pluriel est those

 ce – cela – ça

who's that? *qui est-ce ?*

is that Maureen? *c'est Maureen ?*

that's my brother *c'est mon frère*

what's that? *qu'est-ce que c'est ?*

I don't want this, I want that *je ne veux pas ceci, je veux cela*

that's not true *ce n'est pas vrai*

si c'est un pronom relatif

qui sujet

where is the path that leads to the woods?
*où est le chemin **qui** mène au bois ?*

que COD

show me the book that you bought
*montre-moi le livre **que** tu as acheté*

lequel – laquelle avec une préposition

the chair that he was sitting on collapsed
*la chaise **sur laquelle il était assis** s'est effondrée*

THAT

the boys that he is talking to are his cousins
*les garçons **avec lesquels il parle** sont ses cousins*

> IT STARTED RAINING ON THE DAY THAT WE LEFT
> IL S'EST MIS À PLEUVOIR **LE JOUR OÙ NOUS SOMMES PARTIS**

si c'est un adjectif, la forme au pluriel est those

ce – cette – cet

give me that book *donne-moi ce livre*

that soup is cold *cette soupe est froide*

I don't like that man *je n'aime pas cet homme*

those chocolates are delicious
ces chocolats sont délicieux

I prefer that book *je préfère ce livre-là*

I don't want this dress, I want that one
je ne veux pas cette robe-ci, je veux celle-là

he arrived later that day *il arriva plus tard ce jour-là*

cela

I don't want this, I want that *je ne veux pas ceci, je veux cela*

une expression à retenir...

it's just one of those things *ce sont des choses qui arrivent*

THAT

si c'est un adverbe

exprime l'intensité

it wasn't that bad *ce n'était pas **si** mal que ça*

I can't go that far *je ne peux pas aller **aussi** loin*

I was that hungry I could have eaten a horse
*j'avais **tellement** faim que j'aurais pu manger un cheval*

si c'est une conjonction

que

tell him that the children aren't coming
dites-lui que les enfants ne viennent pas

Attention !

On omet très souvent that à l'intérieur d'une phrase.
Lorsque that est un pronom, il peut être omis (are
you the person (that) the teacher's looking for?), du
moment qu'il n'est pas le sujet de la proposition qui
suit (she's the girl that got the job).
Lorsque that relie deux parties de la phrase, après des
verbes tels que believe, say, think et tell, il est aussi
très fréquemment omis (he said (that) he liked her ;
she told him (that) she was getting married).

this et that

● This et these désignent des choses qui sont perçues comme proches dans l'espace ou dans le temps (is this your coat on the floor here? ; this music is excellent). Ils sont associés à here et now.

● That et those désignent des choses qui sont perçues comme plus éloignées (isn't that your father over there? ; he was born in 1915 — that's a long time ago). Ils sont associés à there et then.

This / these et that / those sont parfois employés ensemble pour comparer deux choses (which skirt should I wear? — this one or that one?), mais si l'on veut faire ressortir le contraste entre deux possibilités, il est plus naturel d'utiliser this / these en conjonction avec the other / the others :

> Agassi is serving from this end and Sampras receiving at the other

Seuls this et these servent à parler de quelque chose auquel il n'a pas encore été fait allusion (listen to this — you'll never believe it!).

En ce qui concerne les pronoms, seul those (et non this / these ou that) peut servir à désigner directement des personnes. Those est alors généralement suivi d'une expression qui apporte des précisions (those of you who agree, please put up your hands).

THE

the book you bought is very interesting
le livre que tu as acheté est très intéressant

we were getting fed up with the situation
*nous commencions à en avoir assez de **cette** situation*

the Joneses are coming to supper
les Jones viennent dîner

s'utilise pour parler d'une chose unique

the world is not flat *la Terre n'est pas plate*

the sun is shining *le soleil brille*

pour formuler une généralité

the lion is a wild animal
le lion est un animal sauvage

pour indiquer une opposition

the English drink a lot of tea, the French rather drink coffee
les Anglais boivent beaucoup de thé, les Français boivent plutôt du café

devant des adjectifs substantivés

the old *les vieux*

the young *les jeunes*

the impossible *l'impossible*

288

THE

avec des instruments de musique

he plays the piano very well *il joue très bien du piano*

dans des expressions de temps

the fourth of July is the American celebration of independence
le 4 juillet est la fête de l'indépendance américaine

the forties were the golden age for movies
les années quarante étaient l'âge d'or du cinéma

dans sa forme accentuée, indique le caractère unique ou exceptionnel de quelque chose ou de quelqu'un

are you talking about THE Professor Baxter?
êtes-vous en train de parler du célèbre professeur Baxter ?

he's THE specialist
c'est lui le grand spécialiste

dans une corrélation

the more he talks, the more I feel like listening
plus il parle, plus j'ai envie d'écouter

the more I see that man, the less I like him
plus je vois cet homme, moins je l'aime

the sooner the better *le plus tôt sera le mieux*

avec un nom de roi ou d'empereur

Alexander the Great *Alexandre le Grand*
Attila the Hun *Attila le Hun*

Attention !

The n'apparaît pas devant les noms indénombrables (work, beer, money) et les noms dénombrables au pluriel (children, cats, houses), lorsque ceux-ci interviennent dans des phrases où l'on parle de choses ou d'idées de façon générale :

> money isn't important to me
> I don't like modern houses

The est aussi parfois omis devant certains noms se rapportant à des lieux :

> to go to school → aller à l'école
> to go to church → aller à l'église
> to be in bed → aller au lit
> to come home → rentrer à la maison

En revanche, l'article est indispensable lorsque le nom se rapporte à un endroit précis :

> we go to the school at the end of the road
> the church is very pretty

En règle générale, on n'emploie pas the lorsque l'on parle des repas (to have breakfast ; to meet for lunch). Il en va de même lorsque l'on parle d'une saison ou d'une époque (in spring ; next year).

On n'emploie pas the devant les titres de personnes (President Kennedy ; Doctor Allen).

Et si vous parlez d'une partie du corps, n'oubliez pas d'utiliser l'adjectif possessif his, her, their etc. et non pas the :

> he broke his leg
> il s'est cassé la jambe

THERE

là put it there! *mets-le là !*

is John there, please? *est-ce que John est là, s'il vous plaît ?*

he lives over there *il habite là-bas*

y I'm going there next week *j'y vais la semaine prochaine*

is anybody there? *il y a quelqu'un ?*

---

there is – there are   **il y a**

there is someone at the door *il y a quelqu'un à la porte*

there are some nice flowers in this shop
il y a de belles fleurs dans ce magasin

there was a big very good movie on TV yesterday evening
il y avait un très bon film à la télévision hier

there must be some mistake *il doit y avoir erreur*

Voir aussi ago.

> Les expressions there is et there are correspondent
> toutes deux à il y a. N'oubliez pas, toutefois, que :
> ● there is s'applique uniquement aux noms singu-
>   liers (there's a large white cat in the window) ;
> ● there are aux noms au pluriel (there are only four
>   cookies left).

---

there he is!   **le voilà !**

there they are!   **les voilà !**

291

si c'est une préposition

she went to Liverpool *elle est allée à Liverpool*
Karen's going to Japan *Karen va au Japon*
she went to school *elle est allée à l'école*
do you want to go to the beach? *tu veux aller à la plage ?*
turn to the left *tourner à gauche*
turn to the right *tourner à droite*
I spoke to my teacher *j'ai parlé à mon professeur*
she wrote to her brother *elle a écrit à son frère*
from 9 to 5 *de 9 heures à 17 heures*
give these bones to the dog *donne ces os au chien*
to my delight *à ma grande joie*
to my surprise *à ma grande surprise*
he usually drives his friends to drink
il pousse généralement ses amis à boire

en   **she went to Spain** *elle est allée en Espagne*

chez

I'm going to the butcher's *je vais chez le boucher*
he went to John's house *il est allé chez John*

    she can already count to 10
elle sait déjà compter jusqu'à 10
I didn't stay to the end of the film
je ne suis pas resté jusqu'à la fin du film

pour exprimer une opinion

to me, it is a real miracle *d'après moi, c'est un vrai miracle*

it seemed quite unnecessary to me
cela me semblait tout à fait inutile

exprime un contact physique

they were dancing cheek to cheek
ils dansaient joue contre joue

stand back to back *mettez-vous dos à dos*

pour exprimer l'heure

it's ten to three *il est trois heures **moins dix***

it's quarter to one *il est une heure **moins le quart***

s'il complète l'infinitif

après certains verbes

I'd like to be on holiday *j'aimerais être en vacances*

she tried to help her brother *elle a essayé d'aider son frère*

she wants to go to the movies *elle veut aller au cinéma*

she began to sing *elle a commencé à chanter*

après certains adjectifs

it's difficult to do *c'est difficile à faire*

we're ready to go *nous sommes prêts à partir*

pour exprimer le but

he worked hard to pass his exam
*il a travaillé dur **pour réussir** son examen*

they left early to catch the train
*ils sont partis tôt **pour ne pas rater** leur train*

to be honest,... *pour être honnête... en toute franchise...*

to sum up,... *en résumé,... pour résumer,...*

remplace une proposition subordonnée conjonctive

he told me to leave *il m'a dit de partir*

pour faire une reprise

I meant to call him but I forgot to
je voulais l'appeler, mais j'ai oublié

> Notez que dans certaines expressions, to est suivi
> directement du nom, sans the :
> he's gone to work/school/prison/hospital/bed/church
> Avec le mot home, dans des phrases telles que I'm
> going home, to n'apparaît pas du tout.

USED TO

*indique une action du passé
qui n'a plus cours dans le présent*

I used to live in London
avant, j'habitais à Londres

he didn't use to be so fat
il n'était pas si gros avant

there used to be a tree here
(autrefois) il y avait un arbre ici

---

to be used to — avoir l'habitude de

I'm used to going to bed late
j'ai l'habitude de me coucher tard

I'm used to it
j'ai l'habitude

---

to get used to — s'habituer à

you'll get used to getting up early
tu t'habitueras à te lever tôt

Attention !

Il est très important de ne pas confondre les trois usages différents de used to :

● Premièrement, used to suivi de la forme de base du verbe peut servir à parler de quelque chose qui s'est produit dans le passé mais qui n'a plus cours actuellement :

they used to live next door but they've moved now
ils vivaient dans la maison à côté mais ils ont déménagé

● Deuxièmement, pour indiquer que l'on a l'habitude de faire quelque chose, on peut utiliser be used to suivi du verbe en -ing :

I don't mind leaving at 6 o'clock tomorrow morning — I'm used to getting up early

● Enfin, used to peut intervenir à l'intérieur d'une construction passive exprimant l'intention ou le but (*this part is used to increase the speed of the engine*). Dans ce cas, l'expression est généralement précédée du verbe be et suivie de la forme de base du verbe principal.

si c'est un adjectif

quel –
quelle – quels –
quelles

what colour is it? *c'est de quelle couleur ?*
what time is it? *quelle heure est-il ?*
what books do you want? *quels livres veux-tu ?*
what a pity! *quel dommage !*
what lovely flowers! *quelles jolies fleurs !*

si c'est un pronom

what's happening? *qu'est-ce qui se passe ?*
what happened? *qu'est-ce qui s'est passé ?*
what's wrong? *qu'est-ce qu'il y a ? qu'y a-t-il ?*
what's that? *qu'est-ce que c'est ? qu'est-ce que tu dis ?*
what are you doing? *qu'est-ce que tu fais ? que fais-tu ?*
what has he done? *qu'est-ce qu'il a fait ? qu'a-t-il fait ?*
what are they talking about? *de quoi parlent-ils ?*
what are you thinking about? *à quoi penses-tu ?*
I saw what happened *j'ai vu ce qui s'est passé*
tell me what she said *dis-moi ce qu'elle a dit*

> WHAT ABOUT GOING OUT FOR A MEAL?
> ET SI ON ALLAIT AU RESTAURANT ?
> WHAT ABOUT ME? ET MOI ALORS ?
> WHAT IS IT ABOUT? DE QUOI S'AGIT-IL ?

WHAT

pronom exclamatif

what! *comment ! quoi !* what? *quoi ?*

Attention à ne pas confondre which et what !

On utilise which lorsque les possibilités sont en nombre restreint (which is your car? ; which one do you want?), alors que what suggère un choix beaucoup plus vaste (what is that? ; what songs do you know?).

Dans la langue familière, lorsque l'on pose une question, what for signifie la même chose que why :

> what did she tell me that for?
> I don't know what she told me that for

Attention, vous n'utiliserez pas obligatoirement for dans vos réponses : she told me that to impress me.

Notez que dans les questions, what se place en début de phrase et, s'il est accompagné d'une préposition (about, for, etc), celle-ci reste à sa place habituelle, après le verbe, du moins dans la langue de tous les jours :

> what are you thinking about?
> what did you do that for?

Dans les exclamations où l'accent est mis sur le nom, avec ou sans adjectif on emploie what (what nice friends you've got!). Avec un nom dénombrable au singulier, what est suivi de a ou an (what a great dress! ; what a hero!). Avec un nom non dénombrable, il n'y a pas d'article (what awful luck!).

Voir aussi which.

WHICH

si c'est un adjectif

quel –
quelle – quels
– quelles

which bike is yours?
quel vélo est le tien ?

which flowers do you like?
quelles fleurs aimes-tu ?

which one? *lequel ? ; laquelle ?*

there are two bags, which one is yours?
il y a deux sacs, lequel est le tien ?

si c'est un pronom

lequel –
laquelle – lesquels
– lesquelles

out of the two dresses, which do you prefer?
des deux robes, laquelle préfères-tu ?

the houses which are on the beach cost more
les maisons qui sont sur la plage coûtent plus cher

the book which you lent me was good
le livre que tu m'as prêté était bien

the chair on which he was sitting
la chaise sur laquelle il était assis

299

WHICH

Lorsque le mot which est le sujet de la phrase, le verbe qui suit se met soit au singulier soit au pluriel selon le contexte, bien que which soit lui-même invariable :

> which is the right answer?
> which are our presents?

Notez que dans les questions, which se place en début de phrase et, s'il est accompagné d'une préposition (to, in, etc), celle-ci reste à sa place habituelle, après le verbe, du moins dans la langue de tous les jours :

> which movie are you going to tonight?
> which department do you work in?

Voir aussi what.

WHO

c'est un pronom _qui_

who are you? _qui êtes-vous ?_

who are you talking about? _de qui parles-tu ?_

I don't know who she is _je ne sais pas qui c'est_

she's the woman who lives in that big house
c'est la femme qui habite cette grande maison

Lorsque le mot who est le sujet de la phrase, le verbe qui suit se met soit au singulier soit au pluriel selon le contexte, bien que who soit lui-même invariable :

who is coming to the concert?
who are they?

Notez que dans les questions, who se place en début de phrase et, s'il est accompagné d'une préposition (at, from, etc), celle-ci reste à sa place habituelle, après le verbe, du moins dans la langue de tous les jours :

who are you staring at?
who did you get the money from?

On peut omettre who lorsqu'il n'est pas le sujet de la proposition qui suit (I just met some friends (who) I know from university). S'il est sujet, en revanche, il est impossible de l'omettre (I have a brother who is a teacher).

Dans la langue soutenue, il existe une forme particulière de who, qui remplit la fonction de complément d'objet. Il s'agit de whom (whom did you see?). Whom n'est jamais utilisé en tant que sujet ; c'est who qui remplit cette fonction (who saw you?).

c'est un pronom

to whom it may concern *à qui de droit*

the man whom she married *l'homme qu'elle a épousé*

> On peut omettre whom lorsqu'il introduit une proposition relative (I just met some friends (whom) I know from university). En revanche, s'il est accompagné d'une préposition telle que to, with, etc, il est impossible de l'omettre (these are the friends with whom I went to the theatre).
>
> On peut rendre la phrase whom were you arguing with? plus familière en disant who were you arguing with? En revanche, si la préposition (with dans notre exemple) se place en tout début de phrase, il faut bligatoirement utiliser whom (with whom were you arguing?).

302

CONDITIONNEL *ET* **PRÉTÉRIT** : *WOULD*

c'est un auxiliaire modal

exprime une idée de futur

I will see you next week *je te verrai la semaine prochaine*

when will you have finished it?
quand est-ce que vous l'aurez fini ?

will you be here next week? – yes I will / no I won't
est-ce que tu seras là la semaine prochaine ? – oui / non

Voir aussi shall.

exprime une volonté, un choix

will you have some more tea? *voulez-vous encore du thé ?*

I won't do it *je refuse de le faire* ou *je ne veux pas le faire*

pour donner un ordre

you will leave this house at once!
tu vas quitter cette maison tout de suite !

close that window, will you? *ferme cette fenêtre, veux-tu ?*

will you be quiet! *veux-tu te taire ! tu vas te taire !*

exprime une déduction, une quasi-certitude

that'll be your father *cela doit être ton père*

I can't tell you myself but he will know
je ne peux pas vous le dire moi-même, mais lui doit le savoir

303

WILL

*exprime une action habituelle,
avec parfois une pointe d'obstination*

he will ask silly questions!
il faut toujours qu'il pose ses questions stupides !

she will talk all the time
elle ne peut pas s'empêcher ou s'arrêter de parler !

> BOYS WILL BE BOYS
> *IL FAUT (BIEN) QUE JEUNESSE SE PASSE*

Attention !

Il existe une utilisation particulière de *will*, qui permet de décrire une habitude ou une vérité permanente :

> **cats won't eat vegetables**
> *les chats ne mangent pas de légumes*

Cette tournure indique souvent la désapprobation du locuteur :

> **he will call when we're in the middle of dinner**
> *il faut toujours qu'il appelle au milieu du repas*

Dans les questions et en conjonction avec *you*, *will* peut servir à formuler une demande :

> **will you cook dinner this evening?**

Would s'utilise exactement de la même manière, mais donne un ton encore plus poli à la question :

> **would you cook dinner this evening?**

304

WOULD

c'est un auxiliaire modal

exprime le conditionnel

if I won the lottery, I would buy a sports car
*si je gagnais au loto, **j'achèterais** une voiture de sport*

if I were you, I wouldn't do it *à ta place, **je ne le ferais pas***

we would have missed the train if we had waited
***nous aurions raté** le train si nous avions attendu*

what would you do? *que ferais-tu ?*

what would you have done? *qu'aurais-tu fait ?*

he would do anything for her
il ferait n'importe quoi pour elle

I would be most grateful
je vous en serais très reconnaissant

dans un discours rapporté au passé

she said she would come
elle a dit qu'elle viendrait

dans des demandes polies

would you mind closing the window?
cela vous ennuierait de fermer la fenêtre ?

would you please be quiet!
voulez-vous vous taire, s'il vous plaît ?

pour exprimer la volonté au passé

she wouldn't go *elle ne voulait pas y aller*

WOULD

I tried to explain him the situation but he wouldn't listen to me *j'ai essayé de lui expliquer la situation, mais il n'a pas voulu m'écouter*

pour indiquer une caractéristique, une habitude

he would say that
j'étais sûr qu'il allait dire ça, ça ne m'étonne pas de lui

you would go and tell her! *il a fallu que tu ailles lui dire !*

pour exprimer une action qui était habituelle dans le passé : « would fréquentatif »

he would smoke a cigar after dinner
il fumait un cigare après le dîner

she would often complain about the neighbours
elle se plaignait souvent des voisins

the dinner would always be ready when they arrived home
le dîner était toujours prêt quand ils rentraient

pour exprimer une probabilité

he'd be about 50 but he doesn't look it
il doit avoir 50 ans, mais il ne les fait pas

I would like ou I'd like   je voudrais

would you like a drink?
voulez-vous ou *voudriez-vous à boire ?*

encore

he hasn't arrived yet
*il n'est pas **encore** arrivé*

dans des questions **déjà**

have they finished yet? *est-ce qu'ils ont **déjà** fini ?*

avec un superlatif

it's the best film we've seen yet
c'est le meilleur film que nous ayons vu jusqu'à présent

it's the greatest book yet written
c'est le meilleur livre jamais écrit

Voir aussi ever.

not yet **pas encore**

has she arrived? – no, not yet
elle est arrivée ? – non, pas encore

infinitif	prétérit	participe passé	traduction
arise	arose	arisen	survenir résulter
awake	awoke awaked	awoken awaked	(se) réveiller
be	was, were	been	être
bear	bore	borne	porter diriger
beat	beat	beaten	frapper battre
become	became	become	devenir
begin	began	begun	commencer
bend	bent bended	bent bended	plier
bet	bet betted	bet betted	parier
bid	bid bade	bid bidden	faire une offre (de)
bind	bound	bound	attacher engager
bite	bit	bitten	mordre
bleed	bled	bled	saigner
blow	blew	blown	souffler faire bouger
break	broke	broken	(se) casser
breed	bred	bred	élever se reproduire
bring	brought	brought	amener entraîner
broadcast	broadcast	broadcast	émettre
build	built	built	construire

VERBES IRRÉGULIERS

burn	burnt burned	burnt burned	brûler
burst	burst	burst	éclater crever
buy	bought	bought	acheter
cast	cast	cast	jeter
catch	caught	caught	attraper prendre
choose	chose	chosen	choisir
cling	clung	clung	s'accrocher coller
come	came	come	venir arriver
cost	cost	cost	coûter
creep	crept	crept	se glisser ramper
cut	cut	cut	couper
deal	dealt	dealt	donner distribuer
dig	dug	dug	creuser
do	did	done	faire
draw	drew	drawn	tirer
dream	dreamt dreamed	dreamt dreamed	rêver
drink	drank	drunk	boire
drive	drove	driven	conduire
eat	ate	eaten	manger
fall	fell	fallen	tomber
feed	fed	fed	nourrir

feel	felt	felt	sentir toucher
fight	fought	fought	se battre
find	found	found	trouver
flee	fled	fled	fuir
fling	flung	flung	lancer jeter
fly	flew	flown	voler
forbid	forbade	forbidden	interdire
forecast	forecast(ed)	forecast(ed)	prévoir
forget	forgot	forgotten	oublier
forgive	forgave	forgiven	pardonner
freeze	froze	frozen	geler
get	got	got gotten	recevoir devenir
give	gave	given	donner
go	went	gone	aller
grind	ground	ground	moudre grincer
grow	grew	grown	croître cultiver
hang	hung hanged	hung hanged	pendre accrocher
have	had	had	avoir
hear	heard	heard	entendre
hide	hid	hidden	(se) cacher
hit	hit	hit	frapper
hold	held	held	(se) tenir
hurt	hurt	hurt	faire mal
keep	kept	kept	garder continuer

VERBES IRRÉGULIERS

kneel	knelt kneeled	knelt kneeled	se mettre à genoux
knit	knit knitted	knit knitted	tricoter
know	knew	known	connaître savoir
lay	laid	laid	poser pondre
lead	led	led	mener
lean	leant leaned	leant leaned	pencher s'appuyer
leap	leapt leaped	leapt leaped	bondir
learn	learnt learned	learnt learned	apprendre
leave	left	left	partir quitter
lend	lent	lent	prêter apporter
let	let	let	louer
lie	lay	lain	se coucher
light	lit lighted	lit lighted	éclairer
lose	lost	lost	perdre
make	made	made	faire
mean	meant	meant	vouloir dire
meet	met	met	(se) rencontrer
mow	mowed	mown mowed	tondre
pay	paid	paid	payer
put	put	put	mettre

quit	quit quitted	quit quitted	quitter
read	read	read	lire
rid	rid ridded	rid ridded	débarrasser
ride	rode	ridden	monter (à)
ring	rang	rung	sonner
rise	rose	risen	se lever augmenter
run	ran	run	courir diriger
saw	sawed	sawn sawed	scier
say	said	said	dire
see	saw	seen	voir
seek	sought	sought	chercher
sell	sold	sold	vendre
send	sent	sent	envoyer
set	set	set	mettre se coucher
sew	sewed	sewed sewn	coudre
shake	shook	shaken	secouer trembler
shed	shed	shed	perdre
shine	shone	shone	briller
shoot	shot	shot	tirer
show	showed	shown showed	montrer
shrink	shrank shrunk	shrunk shrunken	(faire) rétrécir

VERBES IRRÉGULIERS

shut	shut	shut	(se) fermer
sing	sang	sung	chanter
sink	sank	sunk sunken	couler
sit	sat	sat	(s')asseoir
sleep	slept	slept	dormir
slide	slid	slid	(faire) glisser
sling	slung	slung	jeter
smell	smelt smelled	smelt smelled	sentir
sow	sowed	sown sowed	semer
speak	spoke	spoken	parler
speed	sped speeded	sped speeded	aller à toute allure
spell	spelt spelled	spelt spelled	épeler
spend	spent	spent	dépenser
spill	spilt spilled	spilt spilled	(se) renverser
spin	spun	spun	(faire) tourner
spit	spat spit	spat spit	cracher
split	split	split	(se) fendre
spoil	spoilt spoiled	spoilt spoiled	(se) gâter
spread	spread	spread	étaler
spring	sprang	sprung	bondir
stand	stood	stood	se lever
steal	stole	stolen	voler
stick	stuck	stuck	(se) planter

sting	stung	stung	piquer
stink	stank	stunk	puer
strike	struck	struck stricken	frapper
string	strung	strung	enfiler
strive	strove	striven	s'efforcer
swear	swore	sworn	jurer
sweep	swept	swept	balayer
swell	swelled	swollen swelled	gonfler
swim	swam	swum	nager
swing	swung	swung	(se) balancer
take	took	taken	prendre
teach	taught	taught	apprendre
tear	tore	torn	(se) déchirer
tell	told	told	dire (à)
think	thought	thought	penser
throw	threw	thrown	lancer
tread	trod	trodden	fouler
wake	woke waked	woken waked	(se) réveiller
wear	wore	worn	porter
weave	wove	woven	tisser
weep	wept	wept	pleurer
win	won	won	gagner
wind	wound	wound	serpenter
wring	wrung	wrung	essorer
write	wrote	written	écrire

317